KB274506

크리스천의 성품과 예절

김 진 익 著

도서
출판 한글

머 리 말

크리스천의 성품과 '예절의 본질'은 창조주 하나님께서 마치 자신의 창자가 타는 듯이, 우리들을 사랑하고 계시는(약 4:5) 이 사랑 안에서 역시 하나님의 이 사랑으로써, 다른 사람들과 올바른 관계를 유지하는 것이다.

모든 생물들은 관계성으로써 자신들을 유지하고 있다. 특히 그 중에서도 인간들에게는 이 관계성이 제 2의 생명과 같은 비중을 차지한다. 그리고 이 올바른 관계성은 '질서'라는 모양으로 나타나며, 이 관계성과 질서는 '예절'을 통하여 완전하게 이루어진다. 그러므로 '예절'이 올바르지 아니한 곳에는 질서가 유지될 수 없으며, 질서가 유지되지 않은 곳에는 올바른 관계성이 유지될 수 없다. 도리어 파멸을 초래할 뿐이다. 그러기 때문에 이 '예절'은 인간들에게 제 2의 본질이 된다는 사실을 확인할 수 있다.

미래학자들은 2020년이 되면 73일마다 지식이 배씩으로 증가하게 될 것이라고 한다. "이미 현재는 지식이 무서울 정도로 증가하고 있다."는 말들을 한다. 그리고 이 결과는 이미 드러나고 있어서, 지금은 유치원생 또래의 아이들까지도 "엄마와는 대화가 안 된다."는 말을 자연스럽게 하고 있는 시대이다. 우리들의 전통적 질서차원으로 볼 때, 아기와, 그 엄마 사이에서 엄마는 그 아기를 낳아 양육하는 입장이며, 그 아기는 엄마로부터 양육을 받아야 하는 관계로서 그 차원은 엄밀히 구별된다. 그러므로 아기들이 지식을 전제로 하여 이렇게 말하고 있는 사실에서, 우리들은 천지가 전복(顚覆, Overthrow)되어 버리는 사건을 보고 있는 것과 같은 생각을 하게 된다.

　이렇게 자라나는 아이들이 어른이 되었을 때 그 세상은 어떤 모습일까? 그들이 부모들과 대화가 되지 않는 상태에서 자라고, 또한 그들의 자녀들은 더욱더 그렇게 될 것이므로, 그 때의 세상은 완전한 '개인주의'가 될 것이다. 오직 자기의 욕심대로 생각하는 그것들이 자기의 삶을 위한 지식이라고 한다면 거기에서 '질서의식'은 전혀 찾아볼 수 없게 될 것이다. 그러므로 현재는 이에 대한 비상조치를 필요로 하는 때이다.

　창조의 기본 틀은 '질서유지'이다. 우선적으로 창조주와 피조물들의 관계가 그렇고, 또한 모든 피조물들의 관계들이 그렇다. 특히 사람들은 각자에게 주어진 역할로 엄격한 질서의 틀을 법으로 받았다. 그러나 아담은 창조주 하나님과 그 기본적인 질서를 뒤집어엎음으로써 그는 죽음을 당하였으며, 그로 인하여 모든 피조물들도 함께 저주를 받았다. 이는 관계성의 법을 아담 그 개인뿐 아니라 전체 피조물들에게 연대하여 적용시키시는 본질을 보여주신다. 그러므로 이 질서는 인류들의 존재를 좌우하는 본질이며, 이 질서가 무너져 버린다면 이 세상은 더 이상 존재될 수 없다. 이러한 문제들은 이미 이념·에너지·경제·무기 등을 장악한 그룹들과 정치그룹, 인종 또는 국가단위 등으로 이 흐름을 주도하고 있으며, 이는 개인들에게로 급속히 전이되고 있다. 그러나 자신들의 그 행동들이 이렇게 엄청난 결과를 향하여 무너져가도록 하는 과정이 되고 있다는 사실을 알지 못하고 있는 것이 더욱 큰 위험이 된다.

　그러기 때문에 우리들은 질서들이 이렇게 무너져 가고 있는 이 사실을 그대로 보고만 있을 수 없다. 이러한 붕괴상태를 당하고 있는 우리들의 형편이, 마치 탱크 궤도에 깔려있는 애벌레들과 같다고 할지라도,

우선 나 자신부터 이 '올바른 예절'의 본을 시범적으로 보이는 자들이 되라고 하시는 명령을 받은 자들이다. 그러므로 모든 성도들은 오직 그리스도님께서, 자신의 보혈로 권고하시는 동경의 뜻을 기쁨으로 따를 것을, 자신들의 생명을 걸고 엄숙히 약속한 나실인들이라고 할 수 있다.

그러므로 모든 크리스천들은 자신들의 그 전체 생활들에서 항상 이 '올바른 성품과 예절'을 실천하여야 한다. 그렇게 함으로써 모든 성도들은 모든 질서들을 잘 회복하여, 자신·가정·후손·교회·민족, 더 나아가서는 온 인류가 참으로 행복한 삶을 누릴 수 있도록, 이 길을 잘 인도하여주는 지도자들이 되어야 한다. 본서에서는 특히 모든 성도들로 하여금 '성품과 예절의 본질'을 잘 감당할 수 있는 지혜들을 함께 생각하고자 하는 내용들을 정리하였다.

저자 김 진 익

제 1 부
크리스천의 성품과 예절

제 1 장

성품과 예절은 크리스천의 기본

"그런즉 너희가 먹든지 마시든지 무엇을 하든지 다 하나님의 영광을 위하여 하라" (고전 10:31)

1. 크리스천의 성품

모든 인간들의 행위들은 그 자신들의 성품이 표현되는 것이다. 그러므로 '성품'은 행동의 원인이 된다. '크리스찬의 성품'이란 곧 창조주님이시며, 친히 창조하신 모든 피조물들을 섭리하고 계시는 '하나님의 성품'과 동의어 (同義語)가 되어야 한다.

'성품'에는 성품(性稟)과 성품(性品)이 있다. '성품(性品)'은 "성질과 됨 됨이"라는 의미를 가진 단어이나 '품(品)'이 물건, 등급, 품격, 관위(官位), 종류, 품평, 법, 규정 등을 의미함으로 이를 취하기에는 어색하다. '크리스 천의 성품'이라고 할 경우에는, 성경말씀에서 사용하고 있는 단어와 일치되 는 번역어가 되어야 하므로, 성정(性情), 사람의 본디 가지고 있는 성질, 천 성(天性) 등의 의미를 가진 '성품(性稟)'을 취함이 타당하다. '성품(性稟)' 의 원어로는 한글개역성경을 중심으로 할 경우 히브리어 루아흐와 네페쉬 등을 사용하고 있으나 이 단어를 번역어로 하기는 어색하다. 그래서 신약성 경 원어인 희랍어 퓌시스(φυσις)의 의미를 취하는 것이 올바른 가르침을 받을 수 있다. 이는 한문에서 '성품(性稟)'의 의미와도 일치된다.

퓌시스(φυσις)란
1. 타고난 재능, 조건, 상태.
2. 자연적 특성, 기질, 성질
3. 자연, 규칙적 자연질서
4. 자연적인 존재, 자연산물, 피조물

이 퓌시스(φυσις)에서 '피조물' 그리고 타고난 재능, 자연적 특성, 기질 (基質) 등은 창조를 받은 그 원형, 타락 이전의 원형을 말한다. 창조주 하나님께서는 100% 완전한 상태의 아담을 창조하셨다. 그래서 "심히 좋다."고 하셨다. 그러나 그가 범죄한 후에는 하나님의 원수인 사탄의 종으로 전락되어 죽었으므로, 도리어 "심히 악하다."는 상태가 된 것이다. 일반적으로도 '믿음'은 "하나가 되는 것"을 말한다. 그러므로 기독교에서 '믿음'은 인간들이 참된 회개를 하고 오직 "창조주 하나님을 자신 안에 영접하여 하나님과 완전히 하나가 되는 것"이다. 이 믿음이 아니고는 절대로 구원을 받을 수 없다.

그리고 구원을 얻은 자들을 가리켜 '성도들(聖徒)'이라고 한다. '성도들'이란 "거룩한 무리"라는 말이다. "거룩하다."는 말은 "구별되었다."는 말이며, 창조주님과 피조물이 구별되어야 하고, 사탄과 구별되어야 하며, 죄와 구별된 자를 말함으로 오직 하나님께만 적용된다. 그래서 하나님과 완전히 하나가 되었기 때문에, 하나님께만 적용되는 '거룩(聖)'이라는 칭호를 함께 사용함을 받는 말이 곧 '성도들'이다. 그러기 때문에 하나님과 완전히 하나가 되는 상태를 이룩하지 못한 자는 성도들 중에 하나, 또는 교인, 믿는 자

등이라고 할 수 없는 것이 기독교 의 기본적 본질들 중에 하나이다.

하나님과 완전히 하나가 된 자가 하나님의 성품과 다른 행위를 한다는 것은 지극한 모순이다. 하나님께서는 '절대적인 진리' 이시며, '진리(眞理)' 그 자체에는 모순성이 절대로 없어야 하기 때문에, 하나님과 완전히 하나가 된 자는 절대로 하나님의 성품과 다른 행위를 할 수 없다. 더군다나 구원을 받은자들은 하나님께서 아담을 처음 창조하시고 그렇게 "심히 기뻐하신" 상태로 회복된 자들이므로, 하나님께서 아담을 창조하신 때의 기쁨보다 더 크게 기뻐하시는 자들이 된 것이다.

하나님과 이러한 관계를 회복하여 하나님과 완전히 하나가 되어 '성도들'이 되었기 때문에 그들은 자연적으로 당연히 하나님의 성품으로부터 나오는 하나님의 아름답고 귀한 일들을 하게 된다. 그러나 그들이 하나님 자신의 일이 아닌, 사탄의 일을 한다면 그러한 자들은 하나님을 배신하는 자들이 된다. 그러므로 사탄의 일을 행하는 자들은 성도들이 아니므로 그들은 크리스천의 성품을 가진 것이 아니며, 크리스천의 행동을 할 수 없다.

2. 예절이란 무엇인가?

1) 성서적 의미

"모든 성경은 하나님이 감동으로 된 것으로 교훈과 책망과 바르게 함과 의로 교육하기에 유익하니

이는 하나님의 사람으로 온전케 하며 모든 선한 일을 행하기에 온전케 하려 함이니라"

(딤후 3:16∼17)

성경에서는 예절을 그리스어 '아스파조마이(*ασπαζομαι*)'라는 단어를 사용한다. 이 단어는 "인사하다, 환영하다."라는 의미를 기본으로 하며, 한 어군에 아파스파조마이(*απασπαζομαι*) "작별을 고하다." 아스파스모스(*ασπασμαι*) "인사, 환영"등의 단어들이 있다.

이것은 고대 희랍에서 길에서 혹은 어느 집에 들어갈 때 또는 헤어질 때 "인사를 하는" 것이나, 아스파스모스(*ασπασμαι*)에는 인사의 말과 아울러 껴안기, 입맞춤, 손을 내밀기, 심지어땅에 엎드려 상대의 발이나 옷자락 또는 땅바닥에 입맞추기, 즉 프로스퀴네시스(*προσκυνησιτ*) 즉 예배행동과 같은 동작이며, 최고 주권자에 대한 다음과 같은 태도가 수반된다.

이단어들의 기본적의미는
1. "껴안는다."라는 의미라고 할 수 있음.
2. 격식을 차린 호칭을 사용함.
3. 아스파스모스(*ασπασμαι*)의 특별한 형태는 환호성으로 표현하는 경의를 말함.
4. "~를 좋아하다, ~에게 경의를 표하다, ~에게 동의하다."등을 말함.
5. "~에 열중하다, ~을 환영하다."등의 의미를 가짐.
6. 신약성경에서 예수님께 이 단어로 인사를 한 바 있음(막 9:15)

이렇게 하는 표현의 원형은 그가 대할 그 상대를 극한적으로 높이는 자세라고 할 수 있다. 이는 수평관계에서 최소한 "남을 자신보다 낮게 여겨라."(빌 2:3)는 명령의 원형이 되며, 존경할 대상에게는 당연히 그렇게 하여야 한다는 예절의 본질을 담은 단어라고 볼 수 있다.

예절은 착한 것을 보고 좇으며 옳은 것을 들으면 복종하고 온유하며 공경하는 마음가짐과 몸가짐으로 교만하지 않는 것이다. 진정한 예절은 하나님 앞에서 성도자신을 보이는 신앙의 모습이며 기독인으로서 하나님을 향한 신앙표현의 극치인 것이다. 세상 학문은 예절을 인간이 지켜야 할 최소 규범이라고 하지만 기독교에서는 최고의 행동규범이라 할 수있다.

예절은 마음으로 하는 실제가 있고 행동으로 보여주는 격식이 있다. 마음과 행동이 일치되어야 예절이 성립되는 것이며 그리스도인은 서로 예절을 지켜야 한다. 예의 바른 사람은 모든 사람을 하나님의 형상대로 지음 받은 존재로 알고, 서로 모여 살면서 관계를 맺고, 교제할 때 누구에게나 지극한 존경과 정성으로 대해야 한다. 성경은 인간이 이 땅에 살면서 알아야 하고 행동해야 할 삶의 모든 지침을 담고 있는 완벽한 예절 지침서이다. 인간이 죄를 지은 것도 하나님에 대한 무례함의 결과이다. 하나님은 성경을 통해 아주 기본적인 예절에서부터 하나님을 향한 예절에 이르기까지 매우 포괄적인 범위에서 우리에게 예의바른 신자가 될 것을 명하고 있다.

예절은 인간의 삶을 하나님의 형상으로 지음 받은 모습 그대로 화합하는 원동력이기도 한 것이기에, 하나님에 대한 신자의 믿음 생활의 기본이기도 하다. 하나님께서 그분의 말씀 속에서 상당히 많은 부분을 예절 교육에 할애하시고 계심도 우리에겐 간과할 수 없는 엄연한 사실이다. 인간에게 있어서 예의범절은 인간을 인간답게 하는 기본적인 조건이다.

예절은 헬라어로 라트레이아(섬김, 예배, 히 9:6), 티메(존경할 만함, 훌륭한 태도, 행 28:10; 살전 4:4) 등이 예절과 관계된 단어로 쓰였다. 이 단어들은 한결같이 하나님 앞에서의 가치 있는 태도를 명시하고 있음을 알 수 있다. 인간의 예절은 기본적인 도리를 넘어서서 헌신과 희생의 차원으로까지 요구된다.

예절이라는 말을 영어로 표기하면, Etiquette(에티켓), Manners(매너, 예절, 예법), Courtesy(공손, 정중, 친절, 호의), Civility(정중함, 예의바른 언동), Propriety(적당, 타당), Decorum(단정, 고상함), Politeness(공손함, 은근한 태도나 말), Gentle(친절한, 정중한) 등이 있다. 이들 단어들은 예절을 나타내는 중요한 단어들이다.

원래 에티켓은 '하나의 푯말' (A Ticket)이란 뜻이다. 루이 14세 때 베르사이유 궁전에 늙은 정원사가 있었는데, 그는 자기가 정성스레 가꾸어 놓은 꽃밭에 신하들과 행인들이 마구 들어가서 꽃을 망가뜨리는 것을 방지하기 위해 작은 푯말을 여러 개 만들어 꽃밭 사이에 꽂게 하여 모든 사람들이 이 푯말이 있는 범위 안에서만 다니도록 했다는데서 전해진 것이다. 이 때 사용된 A Ticket이 바로 에티켓이 되었다는 이야기다.

히브리어로 예절을 "데레크 에레츠"로 표현하기도 하는데, 이는 문자적으로는 '땅의 길'이라는 뜻이다. 데레크는 '길, 도로'의 뜻이 있지만 은유적으로 사람의 활동과 행위, 태도, 관습을 의미하기도 한다. 따라서 데레크 에레츠는 사람이 땅위에서 마땅히 걸어야 할 바른 길과, 지켜야 할 관습이나 알아야 할 도리를 나타낸다.

신약성경에서는 바울이 로마서 16:2에서 뵈뵈를 합당한 예절(아크시오스 : 가치있게, 어울리는 태도로의 뜻)로 영접해 줄 것을 부탁하고 있다.

예절이란 신앙인으로서 가장 가치있게 대하는 태도이다.

2) 일반적 의미

예절(禮節)이란 더불어 살아가는 사람들이 서로 불편을 끼치지 않고 서로 배려하며 살아가기 위해 약속해 놓은 생활방식이다. 즉, 상대를 헤아리는 생활방식이다.

(1) 예절의 목적과 요령

예절의 목적은 자기관리와 대인관계이다.

자기 관리 요령은 스스로 삼가할 줄 알아야 하고, 대인관계 요령은 남을 편안하게 해주는 것이다. 자기 관리는 곧 양심이고, 대인관계는 곧 사랑이다. 양심과 사랑이 일치되어야 예절이 성립된다.

(2) 예절의 실제와 격식

예절의 실제는 마음, 즉 의사이고 예절의 격식은 행동, 즉 의사소통이다.

예절은 참된 삶의 표현이므로 마음과 행동이 일치된 가운데서 실천해야 한다.

▶ 매너

훌륭한 태도, 좋은 습관, 남을 방해하지 않는 버릇

▶ 에티켓

남에게 마음의 상처를 주지 않음, 상대를 향한 어진 마음

*서양에서의 에티켓 개념.
o호감을 주는 것
o폐를 끼치지 않는 것
o존중하는 것
o실수에 대해 언급하지 않는 것
o어떠한 경우라도 당혹하게 하지 않는 것

▶ 친절

모든 사람과 잘 어울림, 대하는 태도가 매우 정다움

남에게 보상을 바라지 않고 호감과 기쁨을 주며 고마움을 느끼게 하기 위해 배려하는 인간다운 모습

▶ 봉사

종이 주인을 섬기는 것 같은 마음가짐과 몸가짐

자기를 돌보지 아니하고 남을 위해 애씀

3. 크리스천의 예절이란?

"이같이 너희 빛을 사람 앞에 비취게 하여 저희로 너희 착한 행실을 보고 하늘에 계신 너희 아버지께 영광을 돌리게 하라" (마 5:16)

세계화란 세계 모든 나라가 하나의 공동체로 단일화되어 가는 것이다. 그러므로 세계화시대에는 어떻게 하면 지구촌 모든 사람과 함께 더불어 살아갈 것인지가 중요한 과제이다. 국경이 없는 지구촌 시대에 옆 사람이 바로 지구촌의 한 사람이다.

예(禮)란 더불어 살아가는 사람들이 약속해 놓은 생활 방식이다. "예란 친한 것과 소원한 것을 정하고 의심스러운 것을 해결하며, 같고 다른 것을 구별하고 옳고 그른 것을 밝히는 것이다"라고 하였다. 사람으로 태어나 사람노릇을 하고 사람 대접을 받으며 사람과 더불어 살아가려면 우리들의 "약

속된 생활방식"인 예절을 알아서 실천해야 한다. 특히 하나님을 섬기며 하나님께 영광 돌리는 삶을 사는 크리스천은 어진 마음, 섬김의 자세로 누가 보아도 성장의 모델이 되는 예절(禮節)이 몸에 밴 생활 자세를 갖추어야 한다. 교회는 지구촌 교회이고, 성도들도 지구촌 성도의 시대이다. 인간미, 도덕성, 예의범절, 에티켓은 세계화의 뿌리이다. 크리스천이 먼저 예절을 갖추고, 동방예의지국을 재건하여 우리의 역사를 바로 세우고 세계화에 앞장서자.

4. 크리스천의 예절의 필요성

크리스천은 예수님을 영접하지 못한 사람을 주님의 몸된 교회로 인도하여야 한다. 성도들은 남보다 다른 모습이 있어야 한다. '예기'에 의하면 예절이 있으면 그 가정, 그 사회, 그 국가가 편안하고 예절이 없으면 그 가정, 그 사회, 그 국가가 위태롭다고 하였다.

그런데 우리 크리스천의 뒷모습은 어떠한가?

▶가정에서

부모에 대한 공경심 부재, 이웃에 대한 무관심, 공중 질서 어기기, 무례한 언어사용, 금전거래, 약속 불이행, 집안 정리 안됨, 쓰레기 버리기 등등

▶ 교회에서

예배시간 지각, 막 입는 옷차림, 슬리퍼 착용, 소란 피우는 아이들 그냥

두기, 앉는 자리 맡아두기, 음식물 지참, 껌 씹으며 예배드림, 예배 시간 졸고 있음, 주차 무질서, 버스탑승 무질서, 쓰레기 버림 등 에티켓 없는 행동

우리 나라는 옛날부터 동쪽에 있는 예의바른 군자가 사는 나라라고 하였다. '그 나라 비록 크지만 스스로 교만치 아니하고 그 나라 군대 비록 강했지만 남을 침략하지 않았다. 풍속이 순후해 길가는 이가 길을 서로 양보하고 음식을 먹는 이가 음식을 서로 미루며 남녀가 따로 거처해 섞이지 아니하니 이 나라야말로 동쪽에 있는 예의 바른 군자의 나라이다' 라고 동이열전에 기록되어 있다.

우리의 고유문화인 '예절'을 크리스천이 먼저 갖추고 동방예의지국의 긍지를 가지고, 가정, 교회, 공중장소, 테이블매너에 이르기까지 크리스천이 일반사람과 다른 점이 무엇인지 자신의 모습을 살펴보고 예절을 갖추고 우리의 신앙을 통해 그리스도를 지구촌 곳곳에 전파하며 세계화에 앞장서야 한다.

*예절의 필요성
성경은 예의바른 사람을 요구하며, 하나님은 무례한 자를 용납하지 아니하신다. 섬김은 크리스천의 기본이다.
예절은 인간의 삶을 하나님 형상으로 지음받은 모습 그대로 화합시키는 원동력이다.
예절은 하나님에 대한 믿음 생활의 기본이다.
우리 모두는 하나님의 형상대로 지음받은 존재임을 깨닫고 누구에게나 예의바르게 대해야 한다.

5. 크리스천의 마음가짐 - 몸가짐

"너희 안에 이 마음을 품으라 곧 그리스도 예수의 마음이니 그는 근본 하나님의 본체시나 하나님과 동등됨을 취할 것을 여기지 아니하시고 오히려 자기를 비어 종의 형체를 가져 사람들과 같이 되었고.(빌 2:5-7)

인류를 섬기기 위해 높은 보좌를 버리시고 이 땅에 오신 예수님의 마음을 품고 성도와 이웃들을 섬기는 것이 크리스천의 마음가짐이어야 한다.

마음은 인격과 예절의 뿌리이며, 모든 언행은 마음 먹은대로 하게 된다. 우리는 항상 하나님께 영광 돌리는 마음가짐으로 언행이 일치된 생활을 해야 한다. 내가 남을 공경해야 남도 나를 공경한다는 너그러운 마음가짐을 갖자.

모든 것에 사랑하는 어진 마음을 가져야 하며, 사욕을 버리고 사양하는 마음을 갖고 항상 감사하며, 넉넉한 마음으로 믿음을 앞세워 의심을 품지 않는 마음을 갖는다.

"무례하고 교만한 자를 이름하여 망령된 자라 하나니 이는 넘치는 교만으로 행함이니라"

(잠 21:24)

6. 크리스천의 태도

마태복음 5장 13~16절에는 빛과 소금의 자세로 살아가라고 말씀하시고 있고 시편기자는 복 있는 사람의 걸음이나 앉고 일어섬을 말하고 있다.

예절에 있어서 중요한 것은 외부적인 것보다는 내면적인 기본자세가 더 중요하다. 그러므로 어떤 자세로 있든지 하나님 앞에서 행동하듯이 해야 할 것이다.

예수님의 가르침을 보면 대부분이 겸손한 마음으로 섬기는 것에 관하여 말씀하시고 있다.

"남에게 대접을 받고자 하는 대로 너희도 남을 대접하라" (눅 6:31)
"서로 대접하기를 원망 없이 하고 (벧전 4:9)

사도 바울은 한 영혼이라도 구원시키려고 그의 행동뿐만 아니라 먹고 자는 것까지도 자제하고 성도들을 섬기는 열정을 보였다.

1) 예절을 배우는 요령

(1) 마음가짐

항상 사람되고 사람노릇을 해서 사람대접을 받으며 사람과 더불어 함께 살아야겠다는 마음을 가지고 생활한다.

(2) 본받는다

남이 하는 것을 보고 그것이 아름답고 좋은 일이면 자기도 그렇게 본받아야 한다.

(3) 경계한다

남이 하는 일이 미워 보이거나 나쁘다고 생각되면 경계해서 그렇게 하지 않는다.

(4) 잘 듣는다

어른, 선생님, 선배의 말씀에 귀를 기울여 그들의 경륜을 자기 것으로
한다.

(5) 친구를 잘 고른다

남에게 칭찬 받고 착한 일을 하는 사람을 친구로 사귄다.

(6) 예절 책을 읽는다

예절에 관한 책을 항상 옆에 두고 읽으며 참고한다.

(7) 지도를 받는다

예절을 가르치는 곳에 가서 모르는 것을 물어 열심히 배운다.

2) 예절을 실천하는 요령

(1) 자기 관리

개성을 돋보이려고 하지 말고 남과 잘 어울리도록 한다.

(2) 대인관계

자기 방식을 고집하지 말고 모두가 약속해 놓은 방식으로 한다.

(3) 공중생활

사생활을 주장하지 말고 항상 남을 의식해야 한다. 남에게 일체의 영향을 끼치지 않는다.

(4) 가까운데서 먼데로

자기가 원하는 대로 남에게 해야 한다.

3) 예절을 알아야 할 까닭

공손(恭遜)할 뿐 예(禮)를 모르면 수고(手苦)롭고, 삼가할 뿐 예를 모르면 근심이 많고, 용감(勇敢)할 뿐 예를 모르면 난폭(亂暴)하고, 곧기만 할 뿐 예를 모르면 가혹(苛酷)해진다.

7. 크리스천의 기도생활

1) 기도의 실제

- 기도는 구약성경시대의 제사에서 제물을 "드리는 그 행위"에 해당됨.
- 이는 호흡처럼 지속되어야 한다.
- 제물이 아무리 많아도 드리지 않으면 제사가 성립되지 않는다.
- 성도들의 기도는 감사를 주제물로 한 하나님과의 관계유지임 (시 50:12-14, 빌 4:6, 살전 5:18)
- 이 주제물은 온 몸 전체가 감사의 덩어리인 성도들 자신이다(롬 12:1).

2) 기도의 대상

- 성도들이 기도를 드릴 대상은 오직 하나님이시다.
- 사탄이 제일 시기, 질투하는 것은 하나님과 성도들이 기도를 통하여 교제하는 것.
- 그래서 그는 성도들의 생각을 도둑질하여 이 기도를 방해하고 있다.
- 우리 인간들의 모든 행동들은 그 첨예(尖銳)한 생각의 바탕에서 실행하는 것이므로 그 생각의 초점이 빗나가 버리면 처음 계획한 것과 전혀 다른 결과로 전락되어 버린다.
- 그래서 어떤 경우에는 이런 일들로 인하여 아예 죽음을 당하거나, 망해버리는 결과에 이르기도 한다.
- 인간들의 능력으로써 이 초극한적경계성(超極限的境界性)을 완전히 지킨다는 것은 거의 불가능하다.
- 왜냐하면 인간들은 사탄이 그 악의 능력으로 인간들을 멸망시키려고 총력을 다하고 있는 이 세상에 거주하고 있기 때문이다.
- 사탄은 모든수단과 방법들을 다 동원한 총력으로 이 초극한적경계를허물어버리려고 함.(벧전 5:8)
- 그러므로 성도들은 반드시 하나님 안에서 하나님과 완전히 하나가 되어, 하나님께서 이 생각까지 완전하게 지켜주심 안에서 하나님과만 대화를 하는 이 기도를 드려야만 한다.

3) 기도하는 자의 위치

- 하나님께 기도를 드리는 자의 위치는 반드시 하나님 안에서 드려야 한다. (요 15:7, 14:13-14, 15:16, 16:23-24, 16:26, 17:11)

- 반드시 '믿음의 본질' 안에서 하나님께 기도를 드리는 것이 '기도의 우선적 본질' 이다.
- 이 '본질' 을 알지 못하면, 자연적으로 인간들이 육체중심의 기도가 되어버린다.
- 그러한 방식으로 열심히 기도를 한다고 하지만,
- 그 기도를 받으시는 하나님을 그들의 눈으로 볼 수 없기 때문에,
- 그들은 그 기도를 제 멋대로 생각하거나, 하나님을 추상적으로 생각하여 버린다.
- 그러한 기도로서는 절대로 실제적인 기도가 이루어질 수 없다.

4) 기도의 내용

- 기도의 내용은 오직 하나님의 영광만을 위한 내용들이어야 한다. (시 50:12-14, 고전 10:31)
- 하나님께 드리는 기도에는, 인간들의 이기적 욕심들이 절대로 끼어들 수 없다.
- 인간들의 이기적 욕심들은 오직 사탄의 대표적인 속성이기 때문이다.
- 성경말씀에서는 도리어 모든 것들을, 오직 하나님의 영광만 위하여 하라고 명령 하셨다.
- 그리고 과장된말은, 사탄의 행위인 거짓된 고백이 됨으로 매우 조심하여야 한다.

5) 기도의 방법

- 이 말씀에서 '숨겨진 골방' 은 곧 '자기 자신 안에' 를 말씀하신다. (마 6:6-7)

- 자기 자신의 그 '안(εν)'에는 그 어떤 곳보다도 제일 은밀하고 안전한 골방이다.
- 자기 자신 안에 하나님을 영접하여 모신 상태에서,
- 생명이신 하나님과, 자기 '생명의 몸'의 대화인, 이 기도를 드리라는 말씀이다.
- 기도를 드리는 그 시간에, 자신의 양심에 일어나는 내용과, 자신이 말하는 그 내용이, 어떤 내용을 가진 말이지, 그 말의 실제를 분명하게 알아야 한다.
- 그래서 하나님과 생생한 관계 안에서 기도를 드리는 것이 곧 자신의 기도라는 말씀이다.
- 이러한 본질 안에서 드리는 기도라야만, 응답을 받는다고 엄격히 규정하시는 말씀이다.
- 우리들의 기도를 들으시는 분은 바로 안에 계신다.

6) 기도의 응답

인간들이 기도를 통하여 응답을 받고자 하는 궁극적인 목적은 하나님으로부터 보호를 받으려는 것이다. 이 하나님으로부터 받는 보호 안에 모든 인간들이 바라는 바 모든 것들이 포함된다.

- 기도는 반드시 자신 안에, 주님을 영접하여 모시고, 주님 안에서 드려야만 한정하신다. (시 91:14-16, 빌 4:6-7)
- 그 구체적인 방법과 구하는 우선 순위가 있다. (마 6:33)
- 그리고 모든 기도들의 내용들을 '감사' 안에 담아서 드려야만 한다고 하셨다.
- 이 본질은 '안(엔εν)' 이라고 하신 '전치사'를 분명히 이해하여야 한다.

- 한글 성경에서는, 이 전치사를 거의 생략하고 '조사' 로 번역하여 버렸기 때문에, 이 기도의 본질은 전혀 나타나지 않는다.
- 그래서 하나님과 전혀 상관없는 기도를 하도록 하는, 엄청난 결과를 초래하고 있다.
- 이 '본질' 안에서 받는 '응답의 본질' 은 그 '세상이 줄 수 없는 하나님의 평화' (요 14:27), 또는 '평안' 이며, 이 안에 모든 것들이 다 포함된다고 하신다.
- 기도의 결과는 인간적인 생각에서 얻으려고 무리하여 노력함에서 받는 것이 아니다.
- 이 기도의 응답은 항상 깨어 기도생활을 지속하는 중에 하나님의 뜻이 이루어짐을 깨달음으로 받는다.
- 그러므로 성도들은 항상 깨어있어서 하나님의 뜻을 올바르게 깨달아야 한다.

제 2 장

크리스스천의 감동예절

1. 인사 예절

- 인사는 상대를 해치지 않겠다는 신호 -

창세기에 보면 아브라함이 천사들에게 몸을 굽혀 절하는 장면이 나오고 보아스 앞에서 룻이 절하는 장면이 서술되어 있다. 신약시대에도 입맞춤으로 문안하는 장면들을 볼 수 있다.

인사의 유래는 미개시대(원시시대) 상대를 해치지 않겠다는 신호(또는 적이 아니라는 신호)로서 손을 높이 들기도 했고(거수경례), 손을 앞으로 뻗치기도 했으며(악수), 허리를 굽히기도 했다.(허리 굽혀 경례) 인사는 오늘날 환영의 표시, 섬김의 자세, 신용의 상징이다.

몸에 밴 정성이 담긴 인사 습관은 크리스천 생활의 기본이다. 예절이 몸에 밴 성도라야 전도의 왕이 될 수 있다.

"너희가 거룩하게 입맞춤으로 서로 문안하라 그리스도의 모든 교회가 다 너희에게 문안하느니라"

(롬 16:16)

1) 마음 문을 여는 인사

인사는 예절의 기본이며, 인간관계의 시작
(섬김의 자세, 신용의 상징, 마음의 문을 여는 열쇠)

<인사말>

-밝은 표정, 고운 음성으로, 상황에 알맞게-

옛말에 '가는 말이 고와야 오는 말도 곱다'고 하였고 '말 한마디에 천냥 빚을 갚는다'고 하였다. '성경에는 죽고 사는 것이 혀끝에 달렸다'고 했다. 한번 나온 말은 천사람 귀로 들어가고 다시 주워 담을 수 없으니 항상 말은 신중하게 해야 하며, 정성이 담긴 인사말 한마디가 얼어붙은 가슴을 녹여준다.

인사말은 내가 먼저, 밝은 표정, 고운 음성으로 상황에 알맞도록 해야 한다.

(1) 자세
• 표정 : 부드럽고 밝게
• 시선 : 믿음과 애정 어린 눈으로 상대를 바라보며
• 고개 : 반듯하게 들고
• 턱 : 자연스럽게 당겨서

• 어깨 : 힘을 빼고 균형 유지와 편안한 자세

• 무릎, 등, 허리 : 자연스럽고 곧게

• 입 : 다소곳이 다문다.

• 손 : 양손은 둥글게 쥐어 바지 옆선에 붙인다. (여자는 공수한다)

• 발 : 발꿈치는 서로 붙이고 양발의 각도는 30도 정도로 벌린다.

(2) 인사요령

내가 먼저, 상대를 바라보며, 밝은 표정, 큰 목소리로, 고운 음성으로, 상황에 알맞게, 정성을 담아서 감동할 수 있도록 등과 목은 반듯하게 세우고 배와 엉덩이는 내밀지 않는다.

허리부터 상체를 숙이며 상대와 상황에 맞는 각도로 허리를 굽히며 인사말을 덧붙인다.

남자는 차려 자세로 서서 주먹 안쪽을 바지 옆선에 대고 인사를 한다.

여자는 차려 자세에서 공수를 하고 인사를 한다.

(3) 인사의 종류

• 의식경례 : 90도 – 의식인사(혼인예식 등 의식행사시)

• 큰경례 : 45도 – 정중인사 (윗세대 어른, 상급자께)

• 평경례 : 30도 – 보통인사 (동년배 상호간)

• 반경례 : 15도 – 약식인사 (아랫사람에게 답례시)

• 목례 : 눈인사

• 거수경례 : 제복 입은 사람이 오른손을 이마에 대고 하는 경례

• 주목경례 : 단체 경례시 국기나 대상에게 공경하는 마음으로 주목

• 악수 : 반가운 인사의 표시로 손을 마주잡아 인사

(4) 상황에 따른 인사

• 서 있을 때
- 상체를 허리부터 숙인다(1초간)
- 잠시 멈춘다(1초간)
- 천천히 든다(2초간)

• 걸을 때
- 상대방과 2~3m 정도의 지점에 이르렀을 때
- 상대를 향해 기본 자세를 갖춘 후 인사
- 상급자인 경우에는 상급자가 지나간 후에 움직이도록

• 계단에서
- 계단에 발을 딛기 전 간단한 예의를 갖춘다.
- 사선 걸음으로 계단을 통과한 후 상대 앞에서 기본 자세를 갖춘 후 인사

• 앉아 있을 때
- 허리를 곧게 펴고 바른 자세로 앉아서
- 4박자 인사법 실행(15~30도 인사)

4박자 인사법 : 하나에 숙이고 둘에 멈추고 셋, 넷에 천천히 든다.

(5) 인사의 5단계
• 1단계 : 바른 자세로 선다.
• 2단계 : 상체를 1초간 숙인다.

• 3단계 : 상체를 숙인 채 1초간 멈춘다.

• 4단계 : 2초간 천천히 허리를 든다.

• 5단계 : 바른 자세로 선다.

(6) 고객응대 용어와 인사

• 안녕하십니까 - 45도

• 감사합니다 - 45도

• 덕분입니다 - 15도

• 제가 하겠습니다 - 15도

• 죄송합니다 - 45도

• 그렇습니다 - 15도

• 안녕히 가십시오 - 45도

※ 인사할 때의 금기

- 얼굴을 빤히 보고하는 인사

  (턱을 쳐들고 눈은 치켜 뜨고 하는 인사)

- 숙임 없이 말로만 하는 인사

- 인사말이 분명치 않고 어물어물하는 인사

- 급히 하는 인사

- 뒷짐을 지고 하는 인사

- 고개만 까딱하는 인사

- 긴 머리로 얼굴을 덮거나, 바로 하기 위해 머리를 흔드는 인사

- 다리를 벌리고 하는 인사

※ 남녀의 인사 방법 차이

남자는 차려 자세로 인사하면 된다. 단, 여자는 두 손을 모아 배꼽 앞으로 자연스럽게 붙여서 즉, 공수를 하고 인사를 하면 된다. 인사건 예절이건 여성은 여성답고, 남성은 남성다운 것이 원래의 예법이다. 남녀의 인사 방법은 손의 위치만 다르다.

(7) 악수

손을 잡는 것은 마음의 문여는 것을 뜻하고 손을 함께 흔드는 것은 마음의 일체를 의미한다.

• 악수의 자세
- 상사 또는 연장자가 먼저 청한다.
- 바른 자세로 상대의 오른손을 가볍게 잡고 시선은 상대의 눈을 본다.
- 손을 잡고 많이 흔들거나 굽실거리는 것은 삼가한다.
- 왼손잡이인 경우, 오른손으로 악수하여야 하며, 지나치게 힘을 주거나 힘없이 손끝을 잡는 것은 피한다.
- 손이 더럽거나 땀이 많이 난 경우에는 상대에게 말하고 양해를 구한다.
- 뒷짐을 지거나 한 손을 주머니에 넣고 악수하지 않도록 한다.
- 손윗사람이나 여성에게 악수를 먼저 청하는 것은 실례이다.

• 악수의 방법
- 정중악수 : 허리 굽히며 정중하게 악수
- 보통악수 : 같은 세대끼리 한 손으로 악수
- 상하간 악수 : 상사가 먼저 청하면 허리 굽히며 악수

- 의식악수 : 의식 행사시 상급자가 청하면 악수

> * 웃어른이 먼저 청하고 아랫사람이 응한다
> * 같은 또래의 이성간에는 여자가 먼저 청해야 남자가 응한다.
> * 아랫사람 웃어른과 인사할 때는 약간 굽혀 경의를 표한다.

- 호감 주는 크리스천의 인사말

  할렐루야 !

  할렐루야 ! 승리합시다 !

  할렐루야 ! 승리하세요 !

  할렐루야 ! 안녕하십니까?

  할렐루야 ! 반갑습니다.

  할렐루야 ! 어서 오십시오.

  할렐루야 ! 무엇을 도와 드릴까요?

  할렐루야 ! 감사합니다.(고맙습니다)

  할렐루야 ! 또 들려주십시오.

  할렐루야 ! 다시 뵙겠습니다.

  할렐루야 ! 안녕히 가십시오

2. 언어 예절

"우리가 다 실수가 많으니 만일 말에 실수가 없는 자면 곧 온전한 사람이라 능히 온몸도 굴레 씌우리라" (약 3:2)

1) 언어예절의 중요성

마태복음 12:35-37 "그 선한 사람은 그 내부로부터 그 선한 자의 보배 함으로부터 선한 것들을 끊어내고 있으며, 그러한 그 악한 자는 그 악한 자의 보배 함으로부터 악한 것들을 끊어내고 있다. 그래서 내가 너희들에게 말하고 있으니, 그 인간들이 만약 그러한 모든 쓸데없는 말들로서 말을 한다면, 심판의 날 안에 그 말을 하는 자에 대하여 그들을 청산할 것이기 때문이다. 참으로 그렇다. 너의 그 무성한 말들로부터 나온 것으로서 너는 의롭다함을 받을 것이며, 그리고 너의 그 무성한 말들로부터 나온 것으로서 너의 정죄함을 받을 것이다."

'말'은 히브리어 다바르와 이 단어의 번역어인 희랍어 레마($\rho\eta\mu\omega$)를 조목하여 보아야한다. 다바르는 1) 말. ① 약속, 언약. ② 격언, 교훈, 훈령. ③ 의견. ④ 조언, 계획. ⑤ 풍문, 보고. 2) 사건(事件), 일, 행하여 진 것. 3) 어떤 것. 4) 원인, 이유 등의 의미들로 사용된 단어이며, 이 디바르가 명사로서 '말씀'으로 사용되는 경우는 천지 만물들의 실제적 창조주님이신 로고스($\lambda o \nu o \zeta$)에 이른다.(요 1:1). 그래서 이 '말'은 언제나 모든 역사들(役事)의 원동력이며, 과학이 미칠 수 없는 능력임과 동시에 그 사무루 사건 자체이다. 그러므로 이 말은 단순한 기호(記號)라고 하는 범주에 머물 수 없다.

레마($\rho\eta\mu\omega$)는 1) ① 말하여진 것, 말, 격언, 발표, 표현. ② 예언, 예고. ③ 명령, 지시. ④ 연설, 설교, 선언. 2) 〔히브리어 단어들에게서와 같이〕 물건(物件), 사물(事物), 사건(事件), 일 등의 의미들로 사용된다.

그러므로 인간들이 심판대 앞에 설 때 그 동안 그가 한 모든 말들은 그가 자신의 생명의 눈으로 직접 똑똑히 보여지는 물건처럼 보여짐으로 절대로 변명할 수 없어 그대로 그 자신이 그렇게 한 말들로 정죄를 받아, 그대로 심판을 받게 되는 것이 곧 말이다.

우리가 예절의 마음을 상대편에게 표시하여 인식시키는 첫번째 방법은 말이다. 말은 뜻이 담긴 소리이기 때문에 뜻이 통하지 않는 것은 말이라 하지 않고 소리인 것이다. 소리에 의미를 담으면 말이 되는데 그 말은 약속하지 않으면 안되기 때문에 그 약속을 언어 예절이라 한다. 약속으로 표시된 말은 실천이 따르지 않으면 안된다.

예절의 실제는 마음속에 숨겨져 있어서 그것을 상대에게 전달하려면 어떤 방법으로든 밖으로 드러내야 하는데 그 수단의 하나가 말이다.

말은 의미가 담긴 소리이며, 어떤 소리에 무슨 의미를 담는가는 생활문화권에서의 공통되는 약속으로 이루어진다. 언어 예절이란 소리에 담긴 의미가 사회적 약속에 합치해야 하는 것이다.

말하는 것과 듣는 것은 모두 인격으로 표시되는 것이다. 결국 인격이 말하고 인격이 듣는 것이라 할 수 있다. 단지 입으로 말하고 귀로 듣는 것은 진정한 인간미와 인정이 흐르지 않는 계산적인 거래밖에 되지 않는다. 그러므로 대화는 인격과 인격의 만남이요 교류이기 때문에 언어예절의 중요성이 있다 할 것이다.

2) 말의 결과

"진실한 입술은 영원히 보존되거니와 거짓 혀는 눈 깜짝일 동안만 있을 뿐이니라" (잠 12:19)

"사람은 그 입의 대답으로 말미암아 기쁨을 얻나니 때에 맞은 말이 얼마나 아름다운고"

(잠 15:23)

"죽고 사는 것이 혀의 권세에 달렸나니 혀를 쓰기 좋아하는 자는 그 열매를 먹으리라"

(잠 18:21)

"입과 혀를 지키는 자는 그 영혼을 환난에서 보전하느니라" (잠 21:23)

"경우에 합당한 말은 아로새긴 은쟁반에 금사과니라" (잠 25:11)

"명철한 사람의 입의 말은 깊은 물과 같고 지혜의 샘은 솟쳐 흐르는 내와 같으니라" (잠 18:4)

"미련한 자의 입은 그의 멸망이 되고 그 입술은 그의 영혼의 그물이 되느니라" (잠 18:7)

"사람은 입의 열매로 인하여 복록을 누리거니와 마음이 궤사한 자는 강포를 당하느니라" (잠 13:2)

"입을 지키는 자는 그 생명을 보전하나 입술을 크게 벌리는 자에게는 멸망이 오느니라" (잠13:3)

"믿음으로 모든 세계가 하나님의 말씀으로 지어진 줄을 우리가 아나니 보이는 것은 나타난 것으로 말미암아 된 것이 아니니라" (히 11:3)

"의인의 혀는 천은과 같거니와 악인의 마음은 가치가 적으니라" (잠 10:20)

"말을 삼가는 것은 현명한 일이다" (잠 10:19)

"의인의 입술은 여러 사람을 교육시킨다" (잠 10:21)

"위선자의 입은 그 이웃을 망하게 한다" (잠 11:9)

"험담하는 자는 남의 비밀을 누설하나 신실한 자는 남의 비밀을 숨겨준다" (잠 11:13)

"어떤 자는 칼로 찌름같이 함부로 말하나 지혜로운 자의 혀는 양약같다" (잠 12:8)

"입을 지키는 자는 그 생명을 보전하나 입술을 크게 벌리는 자는 멸망을 자초한다" (잠 13:3)

"진실한 증인은 사람의 생명을 구원한다" (잠 14:25)

"온량한 혀는 생명나무요, 패려한 혀는 마음을 상하게 한다" (잠 15:4)

"때에 맞는 말은 유익하다" (잠 15:23)

"의인의 마음은 대답할 말을 깊이 생각한다" (잠 15:28)

"선한 마른 꿀송이 같아서 마음에 달고 뼈에 양약이 된다" (잠 16:24)

"패려한 자는 다툼을 일으키고 말장이는 친한 벗을 이간시킨다" (잠 16:24)

"다툼의 시작은 방축의 물이 새는 것 같으므로 싸움이 일어나기 전에 시비를 그치라" (잠 17:14)

"지혜가 있는 자는 말을 아낀다"(잠 17:27)

"남의 말하기를 좋아하는 자의 말은 상처를 입는다"(잠 18:8)

"사연을 듣기 전에 대답하는 자는 미련하여 욕을 당한다"(잠 18:13)

"죽고 사는 것이 혀의 권세에 달려 있다"(잠 18:21)

"거짓말을 하는 자는 벌을 면치 못한다"(잠 19:5)

"경우에 합당한 말은 아로새긴 은쟁반에 금사과같다"(잠 25:11)

"오래 참으면 관원이 그 말을 용납하며 부드러운 혀는 뼈를 꺽는다"(잠 25:15)

"길로 지나가다가 자기에게 상관없는 다툼을 간섭한 자는 개의 귀를 잡는 것과 같다"(잠 26:17)

"나무가 다 타면 불이 꺼지는 것과 같이 말장이가 없어지면 다툼도 그친다"(잠 26:20)

"타인으로 하여금 자기를 칭찬하고 자신의 입으로는 하지 말라"(잠 27:2)

"함부로 입을 열지 말며, 굽힌 마음으로 말을 내지 말라 일이 많으면 꿈이 생기고, 말이 많으면 우
매자의 소리가 나느니라"(전 5:2-3)

3) 영적인 사람이 피해야 할 말

(1) 허망한 말 (욥 16:3)
허망한 말이 어디 끝이 있으랴 네가 무엇에 격동되어 이같이 대답하는고

(2) 과격한 말 (잠 15:1)
유순한 대답은 분노를 쉬게 하여도 과격한 말은 노를 격동하느니라

(3) 더러운 말 (엡 4:29)
무릇 더러운 말은 너희 입밖에도 내지 말고 오직 덕을 세우는데 소용되는
대로 선한 말을 하여 듣는 자들에게 은혜를 끼치게 하라

(4) 희롱하는 말 (엡 5:4)

누추함과 어리석은 말이나 희롱의 말은 마땅치 아니하니 돌이켜 감사하는 말을 하라

(5) 비판하는 말(마 7:1)

비판을 받지 아니하려거든 비판하지 말라

4) 크리스천의 언어

(1) 언어 표현의 5원칙

- 밝은 눈빛
- 밝은 표정
- 밝은 음성
- 밝은 내용
- 밝은 마음

(2) 언어 디자인의 5원칙

- 고운말
- 표준말
- 이해하기 쉬운 말
- 정성이 담긴 말
- 상황에 알맞은 말

(3) 음성관리의 3요소

- 또렷한 목소리
- 적당한 속도
- 알맞은 음량과 강약

(4) 친절, 불친절한 음성

친절한 음성	불친절한 음성
쾌활	불쾌, 억지
자연스러움	기계적
친근감	냉담
성의	불성실
관심 끄는 음성	반발적 음성

(5) 감동적인 말 (언어 디자인의 5원칙)

- 고운말(존경어, 겸양어, 정중어)
- 이해하기 쉬운 말
- 정성이 담긴 말
- 상황에 알맞은 말
- 표준말

- 존경어 : 존경하는 윗사람의 동작이나 상태를 표현할 때 사용
- 겸양어 : 자기를 낮추어 간접적으로 상대방을 존경할 때 사용
- 정중어 : 상하 관계를 떠나 정중한 응대가 필요할 때 사용

(6) 생활인의 10대 용어

- 안녕하십니까?(안녕하세요)
- 어서 오십시오(반갑습니다)
- 무엇을 도와 드릴까요?
- 예, 알겠습니다.
- 잠시 기다려 주시겠습니까?
- 오래 기다리셨습니다.
- 죄송합니다.
- 죄송합니다만
- 감사합니다.(고맙습니다.)
- 안녕히 가십시오 .

(7) 사랑 받는 어린이의 10가지 생활언어

- 안녕하세요? (누구를 만났을 때)
- 안녕하십니까?
- 안녕히 가세요. (손님이 떠나가실 때)
- 안녕히 가십시오.
- 안녕히 계세요. (방문하고 떠나올 때)
- 안녕히 계십시오.
- 안녕히 다녀오세요. (어른이 외출하실 때)
- 안녕히 다녀오십시오.
- 안녕히 다녀오셨습니까? (어른이 귀가하셨을 때)
- 안녕히 주무십시오. (저녁에 잠자러갈 때)
- 안녕히 주무셨습니까? (아침에 일어났을 때)

- 다녀오겠습니다. (본인이 외출할 때)
- 다녀왔습니다. (본인이 귀가했을 때)
- 안녕! (친구와 만났을 때)

* 기분 좋은 3가지 말
1. 예, 알겠습니다
2. 고맙습니다
3. 죄송합니다

※ 말씨 – 감동 주는 화술
높임말씨 (대화의 기회 마련)
반 높임말씨 (먼저 경청)
보통 말씨 (상대방의 언어 공부)
반 낮춤말씨 (감동 주는 언어 디자인)
낮춤말씨 (생명언어 표현)

누에가 자신의 입에서 나오는 실로 집을 짓듯이 말은 그 사람의 인생을 좌우한다.

"우리가 다 실수가 많으니 만일 말에 실수가 없는 자면 곧 온전한 사람이라" (약 3:2)

"선한 말은 꿀송이 같아서 마음에 달고 뼈에 양약이 되느니라" (잠 16:24)

좋지 않은 용어	바람직한 용어
너희들	여러분
누구, 누구지요?	어느 분, 어느 분이십니까?
저 사람	저 분, 저쪽에 계신 분
○○회사 사람	○○회사에서 오신 분, ○○회사 손님
없습니까? 없습니다	안 계십니까? 안 계십니다
누구세요	누구십니까?
있습니다	계십니다
같이 온 사람	같이 오신 분
자리에 없어요	자리를 비우셨습니다
	자리에 안 계십니다
안됩니다. 못합니다	어렵겠습니다. 하기 곤란합니다
몰라요	잘 모르겠습니다
전화해 주세요	전화 부탁드리겠습니다
어떨까요?	어떻겠습니까?
다시 오세요	다시 한 번 와 주시겠습니까?

좋지 않은 용어	바람직한 용어
무슨 일입니까?	용건이 무엇인지 말씀해 주시겠습니까?
누굴 찾아왔지요?	어느 분에게 용무가 있으신지요?
불러 보지요	찾아보겠습니다
뭐라고 했지요?	다시 한 번 말씀해 주시겠습니까?
알았어요	알겠습니다
나는	저는, 저희는
우리회사는	저희들은, 저희 회사는
당신, 아저씨, 아주머니	손님, 선생님, 사모님
사는 집	댁, 자택, 주소
할아버지, 할머니	어르신, 어른신께서
어서 오세요	어서 오십시오, 이렇게 찾아주셔서 감사합니다
조금 기다려 주세요	죄송합니다만 잠시 기다려 주시겠습니까?
이름이 뭡니까?	죄송합니다만 존함이 어떻게 되시는지요?
이름과 주소를 써 주세요	죄송합니다만 여기 존함과 주소를 기록해 주시겠습니까?
잘못했습니다	죄송합니다. 드릴 말씀이 없습니다
잘 가요, 또 오겠습니다	안녕히 가십시오, 또 뵙겠습니다

3. 대화 예절

우리는 어떻게 의사소통을 하는가? 상대편을 이해시키기 위해서는 언어뿐만 아니라 비언어적 표현에 유의해야 한다. 말 자체만이 의사소통을 하는 것이 아니기 때문이다.

우리가 사용하는 말인 단어는 7%만 커뮤니케이션의 효과가 있으며 말의 어조와 음성, 억양이 38% 전달되고 비언어적 수단인 몸짓, 표정, 태도, 자세 등으로 무려 55% 전달되는 것을 알아야 한다. 그러므로 언어 자체보다 표정, 태도 등 언어외적인 주변요인에 더 많은 관점을 둘 필요가 있다.

단어	말의 어조, 음성 강약	비언어수단(몸짓, 표정, 태도, 자세)
7%	38%	55%

1) 신뢰받는 대화

(1) 태도
- 경청
- 시선
- 관심(인정)

※ 비언어적 표현주의

(2) 말씨
- 존댓말
- 긍정형

* 의뢰형

(3) 대화의 3요소
* 태도
* 음성
* 말씨

(4) 대화의 7단계
* 인사
* 분위기 조성
* 신뢰
* 본 대화
* 조정
* 확인
* 감사

(5) 공감적 대화 5원칙
* 내용파악
* 감정파악
* 내용정리
* 감정정리
* 공감적 표현

* 생각의 공감, 마음의 공감, 표정의 공감, 태도의 공감, 언어의 공감

(6) 대화 방법의 5원칙

- 바른 자세로
- 상대를 바라보며
- 긍정적인 생각으로
- 끝까지 경청하며
- 상황에 알맞게

2) 직접대화의 예절

(1) 말을 하는 예절

- 대화 상대에 따라 말씨를 결정한다.
- 감정을 평온하게 갖고 표정을 부드럽게 한다.
- 자세를 바르게 하여 공손하고 성실하게 의젓함을 지닌다.
- 대화장소의 환경과 상대의 성격, 수준을 참작해 화제를 고른다.
- 조용한 어조, 분명한 발음, 맑고 밝은 음성, 적당한 속도로 말한다.
- 듣는 사람의 표정과 눈을 주시해 반응을 살핀다.
- 상대가 질문하면 자상하게 설명하고, 의견을 말하면 성의 있게 듣는다.
- 표정과 눈으로도 말한다는 진지함을 잃지 않는다.
- 남의 이야기 중에 끼어 들지 않는다.
- 화제가 이어지도록 간결하게 요점을 말해 중언부언하지 않는다.
- 말의 시작은 양해를 얻어서 하고 끝맺음은 요령 있고 분명하게 한다.

(2) 말을 듣는 예절

- 말을 귀로만 듣지 말고 표정, 눈빛, 몸으로도 듣는다는 자세가 필요하다.
- 바르고 공손한 자세와 평온한 표정으로 듣는다.
- 상대가 알아차리도록 은근하면서도 확실한 반응을 보인다.
- 말허리를 꺾으면서 끼어 들어 질문을 말고, 의문이 있더라도 말이끝난 뒤에 묻는다.
- 질문하거나 다른 의견을 말할 때는 정중하게 말한 사람의 양해를 구한다.
- 몸을 흔들거나 손이나 발로 엉뚱한 장난을 치지 말고 열심히 듣는다.
- 말을 듣는 중에 의문 나는 점을 메모한다.
- 대화 중에 자리를 뜰 때는 양해를 구하고, 다른 사람에게 방해되지 않게 한다.

3) 대화의 목적

목적 없는 이야기는 설득에 성공할 수 없다. 말하는 이가 목적을 분명히 정하고 준비를 해 두면 그 이야기를 잘 이해할 수 있으며 듣는 이의 시간을 절약할 수 있다. 대화의 목적은 크게 다섯 가지로 분류할 수 있다.

- 즐겁게 하는 목적
- 납득시키는 목적
- 행동시키는 목적
- 감동시키는 목적
- 지식을 주던가 설명하는 목적

4) 성공적인 대화의 조건

대화는 상대적인 것이므로 상대에게 분위기 조성과 에티켓의 실천으로
배려하는 마음을 가져야 하며 대화의 일체감을 조성하여 공감대를 형성하
는 것이 필요하다. 또한 상대방 처지에 서서 생각하고 말하며 들음으로써
상호간에 감정 이입이 자연스럽게 되어야 할 것이다.

- 대화 분위기 조성
- 대화에티켓 염두
- 공감대 형성
- 인격의 교류

5) 효과적인 대화 분위기

- 피차 긴장을 약간 푼다.
- 유머의 감각을 슬기롭게 활용한다.
- 상대방 자존심을 세워 준다.
- 현재 상대방의 관심사를 화제로 말한다.
- 동류의식을 자극해 나간다.
- 감정이입을 잘해 나간다.

6) 대화의 10단계

(1) 동기부여단계
제 1 단계 : 처음 인사말 – 초면이면 통성명을 하고 명함을 교환한다.

제 2 단계 : 친숙한 분위기 - 자리를 잡으면 처음부터 본론을 말하지 말고
　　　　　　잠시 기분을 맞추기 위한 대화를 한다.
제 3 단계 : 목적이나 주지를 말함 - 기분이 어느 정도 가라앉으면 대화의
　　　　　　목적과 요지를 말한다.
제 4 단계 : 피차의 신뢰감 - 다시 한번 상대를 너그럽게 만드는 단계를
　　　　　　거친다.

(2) 본론단계

제 5 단계 : 계기를 만든다 - 그런데, 그래서 … 등을 써서 본론으로 들어
　　　　　　가는 계기를 만든다.
제 6 단계 : 본론에 들어간다 - 부탁, 설명, 사과 등 본론을 말한다.
제 7 단계 : 본격적인 대화 - 본격적으로 대화하고 질문이나 응대 말을 받
　　　　　　는다.

(3) 결말단계

제 8 단계 : 최종적인 조정 - 부탁을 들어주거나 용서를 하도록 조정의
　　　　　　필요가 발생된다.
제 9 단계 : 확인 - 이야기 목적이 달성되었는지 확인하면서 의문점이남
　　　　　　지 않도록 한다.
제 10단계 : 감사하고 끝맺음 - 끝에 가서 뒷말을 개운하게 하기 위해
　　　　　　감사하면서 끝맺는 인사말을 한다.

※ 말씨

- 높임말씨
- 반 높임말씨
- 보통 말씨
- 반 낮춤말씨
- 낮춤말씨

7) 기본화법

- 말소리가 분명해야 한다.
- 이야기 목적이 확실해야 한다.
- 이야기가 듣기 쉬워야 한다.
- 이야기가 관심과 흥미를 끌어야 한다.
- 이야기가 유익한 것이어야 한다.
- 내용과 표현이 단조롭지 않아야 한다.
- 이야기가 때로 감동을 주어야 한다.
- 이야기가 상대방과 시기에 적합한 것이어야 한다.
- 이야기가 여운을 남겨야 한다.

8) 매력 있는 대화 에티켓

- 자연스럽게 표현하고 상대편이 알아들을 수 있는 말로 한다.
- 겸허한 자세로 공손한 말을 쓴다.
- 유머스러운 표현을 한다.

- 침이 튀지 않게 한다.
- 시선의 방향은 상대방의 미간을 보면서 말한다.
- 긍정적으로 표현한다.
- 표준어와 일상용어를 사용한다.
- 거짓이 아닌 진실한 표현을 한다.
- 양식(훌륭한 식견과 판단력)에서 우러나오는 말을 한다.
- 상대방 이익을 고려한 표현을 한다.
- 밝은 표정과 온화한 표정으로 말한다.
- 상대의 말을 공감적으로 경청한다.
- 되도록 말은 적게 한다.
- 발음을 정확히 하고 속도를 조절해 이해하기 좋게 말한다.

9) 대화태도의 5원칙

① 바른 자세로
② 상대를 바라보며
③ 긍정적인 생각으로
④ 끝까지 경청하며
⑤ 상황에 알맞게

10) 능변의 요건

말 잘하는 능변가란 말하기, 듣기의 일정법칙을 자유자재로 구사할 수 있는 사람이다. 이야기를 잘 하려면 아이디어 정리, 상황에 맞는 방법을 써서 흥미를 안겨주는 것이 필요하다. 거듭된 연습과 경험을 쌓으면 점차 능변으로 변모해 나간다.

- 품위 있는 태도 : 내용 있는 것을 말하고 자신을 갖고 말한다.
- 대화 재료의 준비 : 보통 쓰이는 이상으로 많은 재료를 준비한다.
- 말하기 속도 : 여러 가지 변화를 주어 싫증을 주지 않는다.
- 활기 있게 말한다. : 대화를 즐겁게 하고 음성을 활기 있게 한다.
- 흥미와 관심 : 대화를 한층 돋보이고 흥미있게 하는 관심사항을말한다.
- 목적이 분명 : 목적을 정하고 이야기를 준비하는 것이 필요하다.
- 표현을 새롭게 : 틀에 박힌 표현보다 새롭고 신선한 표현을 한다.
- 상황에 맞는 표현 : 상대방의 상황을 살펴 변화를 준다.
- 구체적인 말, 자신의 말, 통용이 넓은 말을 사용한다.
- 포즈의 이용 : 말하기 효과를 올리는 포즈(Pause)를 취하여 듣는 이의 생각하는 깊이와 강한 인상을 심어준다.

11) 논쟁을 피하는 세일즈화법

(1) 상대방 의견의 일부분과 일치시킨다.
- 바로 지금 말씀하신 그 점입니다. , 지금 말씀하신 것은 옳습니다, 저도 동감입니다만, 그런데 …

(2) 일찍부터 상대방 생각과 동일했다는 행동을 보이고 이쪽 생각을 말한다.
- 네, 잘 알겠습니다. 제 생각과 맞습니다. 지금껏 손님과 동일하게 생각했습니다만, 그런데 …

(3) 대부분 다른 사람 의견이 그의 의견과 일치하고 있음을 인정해 준다.

- 그렇습니다. 손님께서 말씀하시는 것은 일반적인 경향입니다.다른 손님
  도 다 그런 말씀을 하십니다. 당연한 말씀이죠, 그런데 …

(4) 상대를 공격하기에 앞서 칭찬하는 일에 인색하지 않는다.

- 잘 생각하신 거죠. 훌륭한 의견입니다. 그러한 의견을 가지셨다는 것은
  많은 연구를 하셨기 때문이겠죠. 많은 것을 배웠습니다. 그런데 이제는
  어떻게 생각하시는지요?

(5) 상대방의 불평에 대해 화난 얼굴로 대할 것이 아니라 더욱더 예의를
  갖추어 고객이 잘못 알고 있는 내용에 대해 적극적으로 설명하는 화법
  을 사용한다면 판매는 물론이고 좋은 인간관계가 이루어진다. 그래서
  영업에 있어서 판매는 "물건을 파는 것이 아니라 인격을 파는 것"이라
  고 할 수 있다.

(6) 상대방의 불평을 나쁘게만 생각하지 말고 일단 수긍하여 받아들이면
  서 인내를 가지고 더욱 자세히, 더욱 친절히, 더욱 적극적으로 응대하
  면 모든 일이 자연스럽고 쉽게 풀릴 수 있다.

12) 대화시 유의해야 할 사항

우리의 일상 대화시 다음 사항을 유의하여 상대방의 감정을 상하는 일이
없도록 하고 최소한의 에티켓을 엄수하여 융통성 있게 적용해야 할 것이다.

- 불평, 불만을 함부로 떠들지 않는다.
- 독선적, 독단적, 경솔한 언행을 삼간다.
- 욕설, 독설, 험담을 삼간다.
- 매사 침묵으로 일관하는 것을 삼간다.
- 남을 중상 모략하는 언동을 삼간다.
- 특별한 경우를 제외하고 논쟁을 피한다.
- 자신을 함부로 뽐내거나 자랑하지 않는다.
- 공연히 남의 일에 참견하지 않는다.
- 쉽게 흥분하거나 감정에 치우치지 않는다.
- 아무 때나 자신을 한탄하는 말을 삼간다.
- 아주 특별한 경우를 제외하고 거짓말을 하지 않는다.
- 농담, 야유, 핀잔은 상황에 맞게 조심스럽게 사용한다.
- 매사 아는 체하는 것을 삼간다.
- 불분명한 의사를 표시하지 않고 분명한 의사를 표시한다.
- 매사 함부로 단정하지 않고 여유 있게 말한다.
- 일부분을 보고 전체를 속단하여 말하지 않는다.
- 도전적 언사는 가급적 자제한다.
- 상대방에 일방적이고 강제적인 언사를 피한다.
- 남을 비판하는 것을 자제한다.
- 상대방의 약점을 지적하는 것을 피한다.
- 남의 뒷공론을 함부로 떠벌리지 않는다.
- 상대방의 잘못을 함부로 지적하지 않는다.
- 남이 얘기하는 도중에 분별없이 차단하지 않는다.

13) 대화시 금기사항

(1) 시계를 자주 보는 버릇

- 대화중 자꾸만 시계를 보면 "다음 스케줄이 바쁜 모양이다. 내 이야기에 관심이 없는 모양이다."라고 생각하므로 상대를 기분 나쁘게 만드는 일이며 불안하게 만들고 말을 중단시키므로 좋지 않다.
- 다음 약속시간이 정해져 있다면 대화를 나눌 수 있는 시간을 미리 정하고 미리 양해를 구하는 것이 좋은 방법이다.

(2) 엉뚱한 곳을 보고 말을 듣고 말하는 버릇

- 남이 이야기를 하는데 시선을 다른데 두거나 얼굴을 다른 곳으로 향하고 들으면 이야기에 관심이 없거나 자기를 무시하는 것으로 알기 때문에 삼가야 할 일이다.
- 말을 할 때는 상대를 바라보아 관심을 주어야 하며 때에 따라 응답을 하고, 표정이나 몸짓 등의 반응을 보이는 것이 좋다.

(3) 개인적인 약점을 들추어 비위를 거스리는 말

- 가정형편, 학력, 실력, 경력 등으로 상대방을 형편없이 깎아내리는 말버릇이나 병신, 외팔이, 장님, 애꾸, 곰보, 절름발이, 난쟁이, 노처녀 등 개인적이고 신체적인 비위를 건드리는 말은 삼가야 할 것이다.

- 부주의한 말은 싸움의 불씨
- 잔인한 말은 삶을 파괴
- 쓰디쓴 말은 증오의 씨를 뿌린다

14) 호감적 화법과 반감적 화법

(1) 아이 메시지 (I-message)와 유 메시지 (You-message) 화법

- 아이 메시지(I-message) 화법은 대화시 상대방에게 내 입장을 설명하는 것이 주안점이며, 유 메시지(You-message) 화법은 대화시 어떤 결과에 대하여 상대방에게 핑계를 돌리는 것을 말한다.
- 일상생활에서 상대방에게 어떻게 말하느냐에 따라 그 결과와 상대방의 대응 정도가 크게 다르다.
- 연속 발생되는 대인 관계에서 항상 상대방에게 핑계를 돌리는 것보다 내 입장을 충분히 설명하여 양해를 구하는 아이 메시지 (I-message) 화법을 사용하는 것이 훨씬 호감 주는 화법이다.

(예) 총알택시 기사를 보고 "여보, 기사! 천천히 가자"고 소리친 것은 핑계를 기사에게 돌린 유 메시지(You-message)이고, "아저씨, 나는 부양가족이 있는 사람이오."라고 한 것은 내 입장을 설명한 아이 메시지(I-message)화법이다.

(2) 두 메시지 (Do-message)와 비 메시지 (Be-message) 화법

- 두 메시지(Do-message) 화법은 어떤 잘못된 행동의 결과에 대해 그 사람의 행동 과정을 잘 조사하여 설명하고 잘못에 대하여 스스로 반성을 구하는 것이고, 비 메시지(Be-message) 화법은 잘못에 대한 결과를 일방적으로 단정함으로써 상대방으로 하여금 반감을 불러일으키게 하는 화법이다.
- 똑같은 상황에서 대화의 방법에 따라 상대가 받아들이는 모습은 엄청

난 차이를 보이기 때문에 같은 값이면 평상시 효과적인 화법을 사용하는 것이 좋겠다.

(예) 연속 지각자에게 "당신 잘못이다.", "당신은 지각 대장이다."라고 단정하면 비 메시지(Be-message) 화법이고, 상대방을 먼저 이해하며 연속 지각한 것은 잘못이라는 것을 설명하여 잘못된 점에 대하여 스스로 반성하도록 하는 것은 두 메시지 (Do-message) 화법이다.

15) 칭찬의 방법 8가지

(1) 대담 찬사법
대담하게 칭찬 – "선생님! 정말 멋있습니다"

(2) 단순 찬사법
사실 그대로 본대로 느낀 대로 – "목소리가 참 좋습니다"

(3) 호칭변형 찬사법
"박사님!", "사장님!"(실제는 박사나 사장이 아니다)

(4) 감탄 찬사법
"어쩜! …", "역시!…"

(5) 반문 찬사법
"아! 그렇습니까? 놀랐습니다."

(6) 비유 찬사법
 유명인이나 또는 좋은 것에 비유하여
"아주머님의 눈은 마치 『나탈리 우드』같아요"

(7) 간접 찬사법
 소문이나 남의 이야기를 인용 – "소문이 자자하시더군요"

(8) 소유물 찬사법
 소유물이나 어린아이, 가족관계 – "아드님이 정말 똑똑하시더군요"

16) 설득의 5단계

(1) 상대방의 입장에서 말함

(2) 자기 부족점 인정

(3) 상대를 자기의 입장에 세움

(4) 상대의 실수를 감싸줌

(5) 상대가 자기 자랑을 하게 함

17) 감정관리 10계

(1) 시작이 중요하다.
 (오늘도 최선을 다하겠다)

(2) 『원래 그런 거』라고 생각하라.
 (고객은 원래 저런 거)

(3) 『웃긴다』고 생각하라.
 (웃긴다), (녀석이 불쌍하다)

(4) 『좋다, 까짓 것』이라고 생각하라.
 (이왕 해줄 바에는 화끈하게 해주겠다)

(5) 『그럴만한 사정이 있겠지』생각하라.
 (그럴만한 사정이 있어서 저럴 것)

6) 『내가 왜, 너 때문에』라고 생각하라.
 (내가 왜 당신 때문에 속을 썩어야 하지?)

(7) 『시간이 약』임을 확신하라.
 며칠, 아니 몇 시간만 지나면 별 것 아니라는 사실(세월이 약)

(8) 거꾸로 생각하라.

 세상만사는 마음먹기에 달렸다.

 심적 자극으로부터 탈출하려는 의도적인 노력

(9) 즐거웠던 순간을 회상하라.

 즐거웠던 지난 일을 회상해 보라.

(10) 눈을 감고 심호흡을 하라.

18) 높인 말과 낮춘 말의 의의

대화의 상대가 누구인가에 따라 높인 말을 쓰거나 낮춘 말을 쓴다. 어른
에게 말씀을 여쭐 때는 높인 말을 하고, 아랫사람을 대할 때는 낮춘 말을 한
다. 방금 앞에서 말한 '말씀을 여쭐 때'와 '말할 때'는 같은 뜻의 말이지만
어른에게는 '말씀을 여쭌다'고 하고 아래 사람에게는 '말한다'고 하는 것과
같이 사용하는 어휘가 다르다.

 또, 같이 '하라'는 뜻의 말씨도 상대에 따라 '하세요', '해요', '하게',
'해', '해라' 등 완전히 다르다. 이렇게 다른 말씨와 어휘를 상대에 맞게 골
라서 써야 그 말이 예스러운 것이다.

 우리 나라의 말은 호칭이 다양하듯이 말씨도 대화 상대에 따라 여러 가지
로 달리 쓰인다. 그것을 종류별로 열거하면 다음과 같다.

(1) 하세요(높임 말씨)
 말을 할 때 특히 동사에 '시', '세', '셔'를 끼워 쓰는 경우로 가장 높은

존댓말이다.

'하시기 바랍니다', '그렇게 하세요', '일을 하셨습니다' 와 같은 쓰임새이다. '하시기' 는 '하기' 의 높임말이고, '하세요' 는 '해요' 의, '하셨습니다' 는 '했습니다' 의 높임말이다.

'하기' 의 중간에 '시' 를 끼우고, '해요' 의 중간에 '세', '했습니다' 의 중간에 '서' 를 끼워 같은 말을 높은 존댓말로 바꾼다.

'시', '세', '셔' 의 높임말을 실용하는 예를 보이면 다음과 같다.

"이제 선생님께서 말씀하실 차례이십니다."

"아버지께서 그러시다고 말씀하셨습니다."

"형님께서 아버지께 '그렇게 하세요' 라고 말씀 여쭈니까 어머니께서 '그렇게 하시면 안되신다' 고 말씀하셨습니다."

만일 위의 보기에서 '시', '세', '셔' 를 생략한다면 매우 무례한 말씨가 된다.

"이제 선생님이 말할 차례입니다."

"아버지가 그렇다고 말했습니다."

"형님이 아버지에게 '그렇게 하라' 고 말하니까 어머니가 '그렇게 하면 안된다' 고 말했습니다."

자기보다 웃어른에게 말씀을 여쭐 때와 비록 아랫사람이라도 여러 사람에게 동시에 말할 때는 반드시 높임말을 써야 한다.

(2) 하오(반높임 말씨)

'하오', '해요' 도 높임말이기는 하지만 보통 같은 또래인 상대에게 말하는 말씨인 '하게' 를 써야 할 상대에게 아직 잘 알지 못하는 관계로 '하게' 라 하지 못하고 '하오' 를 쓰는 경우도 있다.

　따라서 '하오'는 높임말인 '하세요'와 보통말인 '하게'의 중간에 위치하는 어정쩡한 말씨이다.

　대화 상대자와 잘 아는 상대라면 '하오'를 쓰는 경우가 있을 수 없다. 높여서 '하세요'라 하든지 아주 친하게 '하게'를 쓰면 되는 것이다. 그러나 사회생활에서의 대인관계는 처음부터 잘 아는 친숙한 차이가 아니기 때문에 보통말인 '하게'를 써야 할 관계에서도 부득이 반 높임말이라 할 수 있는 '하오'를 쓰는 예를 들면 다음과 같다.

　"어때요? 그것이 좋겠죠? "

　"좋아요. 그렇게 해요."

　"이것 받아요."

　"어서 와요 많이 기다렸어요."

위 보기의 말은 높인 말씨는 아니고 그렇다고 보통 말씨도 아니다.

　분명히 말하는 사람보다 듣는 상대가 아랫사람이거나 같은 또래인 경우이다.

　위 보기를 '하게'의 보통 말씨로 바꿔 본다.

　"어떤가? 그것이 좋지 않았나? "

　"좋으네 그렇게 하게."

　"이것 받게."

　"어서 오게. 많이 기다렸다네."

처음의 반높임 말씨보다 바꿔 본 보통말씨의 경우가 훨씬 정겹게 들린다.

역시 반높임 말씨인 '하오'는 어정쩡한 말씨임이 드러난다.

(3) 하게(보통 말씨)

친한 같은 또래나 아랫사람이라도 대접해야 하는 상대에게 쓰는 말씨이

다. 우리가 사회 생활을 하면서 '벗'을 튼다는 말을 하는데, 소위 벗을 튼
친구 사이에 쓰는 전형적인 말씨이다.

"여보게, 자네 어디서 오는 길인가? "

"자네 부인 연세가 몇이신가? "

"자네가 한번 해보게."

전항 반높임 말씨 '하오'에서 설명했듯이 보통 말씨인 '하게'는 가장 친
숙한 말씨이다.

또 친구가 아닌 아랫사람이라도 그가 성년이면 낮춘 말씨를 쓰지 않고 보
통 말씨로 말한다.

고등학교까지는 선생님께서 제자들에게 말씀하실 때 '너', '해라'를 쓰지
만 대학교 이상이 되면 '자네', '하게'를 쓰게 된다. '너', '해라'는 미성년
에게나 쓰는 낮춤말이고, 성년에게는 '자네', '하게'로 대접하는 것이 예의
에 맞기 때문이다.

초등학교 다닐 때 '야', '너', '해라'를 하시든 선생님이 그 제자가 성년
이 되어 뵈오면 깍듯이 '여보게', '자네', '하게'로 격상해 대접하는 말씨를
쓴다. 이것이 바로 미성년과 성년이 사회적으로 받는 대접의 차이이다.

(4) 해(반낮춤 말씨)

분명히 낮춤 말씨인 '해라'를 써야 할 상대지만 잘 알지 못하는 경우에
'해라' 대신 '해'의 반낮춤 말씨를 쓰게 된다.

"이리 와", "저리 가"와 같이 '해라'의 낮춘 말씨에서 '라'가 떨어져 나
간 말씨이기 때문에 흔히 반말이라고도 한다.

반높임 말씨인 '하오'가 높임 말씨인 '하세요'와 보통말씨인 '하게'의 중
간에 위치한 어정쩡한 말씨인 것과 같이 반낮춤 말씨 '해'는 보통말씨인

'하게' 와 낮춘 말씨인 '해라' 의 중간에 위치한 어정쩡한 말씨이다.

　반높임 말씨의 '하오' 는 높임 말씨 '하세요' 에서 '세' 가 빠진 말씨이고, 반 낮춘 말씨의 '해' 는 낮춘 말씨의 '해' 는 낮춘 말씨 '해라' 에서 '라' 가 떨어져 나간 말씨이다.

　(5) 해라(낮춘 말씨)

　말씨 가운데 가장 낮은 말씨이다. 어른이 미성년자에게 쓰거나 미성년자 상호간의 쓴다. 또 근친 관계에서 웃어른이 아랫사람에게 쓰기도 한다.

　"어서 밥 먹어라", "네가 가져라", "갔다 오너라"

4. 호감 받는 표정 연출

-밝고 맑고 고운 표정

　예절은 곧 질서를 낳는다. 타인에 대한 예절이 있기에 사회 공동 질서가 나오고 유지될 수 있는 것이다. 교회에서의 질서도 바로 신앙예절로 인한 결과이다.

"사람의 지혜는 그사람의 얼굴에 광채가 나게 하나니 " (전 8:1)

- 밝은 눈빛 : 희망의 메시지
- 밝은 표정 : 사랑의 메시지
- 밝은 음성 : 성공의 메시지
- 밝은 내용 : 신용의 메시지
- 밝은 마음 : 마음의 문을 여는 메시지

1) 호감 주는 미소

- 밝고, 상쾌하고 순수한 미소
- 얼굴전체가 웃는 자연스런 미소
- 돌아서며 등자세가 바뀔 때도 계속 미소

2) SMILE의 효과

- 건강 증진 효과
- 감정 이입 효과
- 마인드 컨트롤 효과
- 신바람 효과
- 실적향상 효과

3) 표정관리의 주요 POINT

- 얼굴 전체가 웃는 표정
- 상황과 상대에 맞는 표정
- 자연스러운 표정
- 생기 있는 표정
- 뒷모습이 웃는 표정

(1) 무의식중에도 멋지게 웃기 위한 연습

웃는 연습이라는 것은 입 꼬리의 양옆을 올려주는 연습이다.

- 먼저 두 찝게 손가락을 입꼬리에 대고 천천히 위로 당겨 올린다. 얼굴의 다른 부분은 긴장을 풀고 입꼬리의 위치나 입술의 상태를 잘 점검한다. 10초간 이 상태를 유지한 후 긴장을 풀어준다.

- 조금 더 입꼬리를 당겨 올려본다. 웃는 얼굴을 만들 필요는 없지만 자연스럽게 웃는 얼굴이 되는 것은 괜찮다. (10초를 유지)

- 이제 더 큰 표정을 만들어 본다. 입꼬리의 위치는 눈동자의 중심에서 내린 선상이다. (10초유지)

- 광대뼈를 따라서 손가락을 대고 웃는 얼굴을 하거나 긴장을 풀어서 손가락으로 근육의 움직임을 확인한다. 매일 연습하면 자연스럽게 표정이 변해간다.

• 마지막 정리운동으로 우선 자신이 좋아하는 웃는 얼굴을 만들어 보자. 멋지게 웃는 얼굴 이미지는 잡혔는가, 표정이 전보다 생기있게 되었는가를 30일간 연습해서 무의식적으로 아름다운 미소를 지었을 때 그 순간의 즐거움을 만끽해 보자.

(2) 웃는 얼굴을 유지하는 연습

"지혜자와 같은 자 누구며 사리의 해석을 아는 자 누구냐 사람의 지혜는 그 사람의 얼굴에 광채가 나게 하나니 그 얼굴의 사나운 것이 변하느니라"(전 8:1)

• 크게 웃는 얼굴을 한 상태에서 입꼬리를 두 집게손가락으로 고정시킨다. 입매의 근육이 원래대로 돌아가지 못하게 손가락 끝으로 입꼬리 근육을 꼭 누른다. 이때 입매근육을 제외한 다른 얼굴 근육은 최대한으로 풀어준다. 손가락 끝으로 입매의 근육이 움직이는 것을 확인하면서 10초간 이 상태를 유지한다.

• 크게 웃는 얼굴에서 보통 웃는 얼굴(2분의 1 스마일)로 돌아간다. 두 집게 손가락을 떼지 말고 그대로 입꼬리를 고정시킨다. 원래의 모습대로 돌아가려면 하는 입매근육의 움직임에 저항하기 위해서다. 이 때도 손가락 끝으로 근육의 움직임을 확인하면서 10초간 웃는 얼굴로 있도록 한다.

• 보통으로 웃는 얼굴에서 작게 웃는 얼굴로 돌아간다. 이 때도 손가락 끝으로 근육의 움직임을 확인하면서 10초간 웃는 얼굴로 유지한다.

- 입술을 다문 상태에서 10초간 입꼬리를 고정시킨다. 마지막으로 입꼬리를 집게손가락으로 고정한 채로 입을 최대한 오므린다. 크게 웃는 얼굴에서 여기저기 손가락 끝으로 근육의 움직임을 확인하고 그대로 10초간 유지한다.

5. 단정한 복장 예절

- 어울림 속에서 아름다움이 있도록 -

"네 의복을 항상 희게 하며 네 머리에 향 기름을 그치지 않게 할지니라"(전 9:8)

"빛의 갑옷을 입자"(롬 13:12)

"낮에와 같이 단정히 행하고"(롬 13:13)

"주 예수 그리스도로 옷입고"(롬 13:14)

"전신갑주를 입으라"(엡 6:13)

옛말에 의복이 날개라는 말이 있다.

복장의 기능은 체온 보존, 위험으로부터 신체보호, 아름다움, 수치 가림, 어울림 등이다. 함께 있으면 항상 그윽한 향기가 풍기고 훈훈함을 느낄 수 있는 정결한 육체 관리와 단정하게 갖추어진 옷차림을 생활화하자.

(1) 어울림을 위한 복장

- 복장은 자기 개성에만 집착하지 말고 남과 잘 어울림을 중시해야 한

다.
- 여러 사람이 즐겨 입는 색상과 디자인, 상황에 알맞고 예의 바른 차림새, 한국인답고 크리스천 다운 복장

(2) 아름다움을 살리는 복장
- 복장은 남과 잘 어울리는 가운데 아름다움을 살릴 수 있어야 한다.
- 자기 조건과 조화로운 아름다움 객관적인 아름다움

(3) 수치스러움을 가릴 수 있는 복장
- 지나치게 밀착된 복장, 신체의 과다노출, 투시노출 삼가.
- 객관적으로 보아 수치스러움이 없는 복장

(4) 크리스천의 단정한 복장
- 머리카락은 깨끗해야 하며, 이마를 덮지 않고 옆머리는 귀를 덮지 않도록 하며, 뒷머리는 Y셔츠 깃을 덮지 않도록 하고 여성의 경우 머리카락이 눈을 덮지 않도록 한다.
  (긴 머리는 매거나 핀을 꽂아 단정하게)
- Y셔츠 깃은 양복 깃에서 5mm 정도 위로 보이게, 넥타이는 양복과 잘 어울려야 하며, 길이는 혁대 버클 위에서 멈추도록 매고 넥타이핀은 Y셔츠 위에서 네 번째와 다섯 번째 단추사이에 위치하도록 꽂고 양말은 구두 또는 바지 색과 같은 색상으로 신고, 가급적 흰 양말은 신지 않도록 한다.
- 구두, 혁대, 지갑은 같은 색상으로 깨끗하고, 잘 어울리고, 세련된 복장

6. 보행 예절

- 걸음걸이는 인격의 표현 -

걸음걸이는 인격의 표현이고 가치 있는 삶의 출발이다.

몸에는 생기가 돌고, 생활에 윤기가 흐르고 인격에 향기가 풍기도록 하려면 걷는 자세가 그윽하고, 우아하며, 인격스러워야 한다. 좌측통행은 물론이고, 발로 숨쉬고, 눈으로 말하고, 귀로서 일하고, 가슴으로 듣고, 손으로 웃는다는 마음가짐으로 누가 보아도 크리스천의 향기가 풍기는 걸음걸이 모습을 갖추어야 한다.

밝은 표정, 웃는 모습으로 눈은 앞을 바라보며 남자는 주먹을 쥐어 바지를 스치는 기분으로 흔들고, 여자는 손을 예쁜 모습으로 펴서 치마를 가볍게 스치도록 흔들며 걷도록 한다.

* 발을 옮겨 걸을 때는
남자는 직선 옆을 밟고 가는 기분으로
여자는 직선 위를 밟고 가는 기분으로 걷는다.
걸을 때 담배를 피우거나,
껌을 씹으면서 걷는다거나 요란하게 잡담을 하거나,
다른 사람의 길을 가로막으면서 횡대로 걷는 것은 삼가도록 한다.

7. 초대와 방문 예절

　일상 생활을 함에 있어서 손님을 초대하고 그 초대에 응하며 남의 집을 방문하면서 유대를 돈독히 한다. 또한 즐거운 일이 있으면 잔치를 베풀어 많은 사람이 함께 기뻐하기도 한다.
　이와 같은 교류에도 예절을 깍듯이 차려야 할 것이다.

1) 초대하는 예절

- 손님을 초대할 때는 그 목적과 장소, 시간이 분명해야 한다.
- 초대하려면 초대받은 사람에게 불편이 없도록 시간의 여유를 두고 미리 통지한다.
- 초대 대상을 정할 때는 서로 합석하기가 거북한 사람을 동시에 같은 장소에 초대하지 않는다.
- 초대받는 사람이 부담스럽게 생각할 대상은 초대하지 않는다.
- 초대에 응할 손님이 유의해야 할 상황이 있으면 초대시에 미리 통지한다.
- 초대장소에 대한 위치와 약도 및 교통편과 주차시설 등을 세밀하게 안내한다.
- 주인 측은 손님에게 불편이 없도록 세심한 주의를 기울인다.
- 완벽한 준비를 위해 참석 여부를 미리 묻는 방법도 좋다.
- 주인 측은 손님을 맞이함에 있어서 좌석 배치 등에 실례가 되지 않도록 위계질서에 유의한다.
- 주인 측은 모든 손님에게 차별 없이 따뜻하고 정중한 예의를 차려야 한다.

2) 초대에 응하는 예절

- 초대를 받고도 참석하지 못할 상황이면 미리 연락한다.
- 가능하면 "도와야 할 일이 없는지?" 묻는 것도 좋다.
- 만일 참석 여부를 묻는 초대이면 반드시 정한 기일 안에 미리 연락한다.
- 몸차림, 옷차림을 초대의 목적에 어울리도록 한다.
- 초대시간에 늦지 않도록 교통편 등을 미리 점검한다.
- 어떤 경우라도 주인에게 불편이나 불쾌감을 주지 않도록 유의한다.
- 자기가 아는 사람이나 가족이라도 초대받지 않은 사람을 임의로 동행하지 않는다.
- 초대의 목적이 사례나 부조를 할 일이면 자기의 형편에 맞게 준비한다.
- 초대장소에 지나치게 늦게까지 머물지 않고 초대 목적의 행사가 끝나면 물러난다.
- 초대장소에서는 초대 목적 이외의 화제나 일로 분위기를 흐리지 않으며 주인을 독점하지 않는다.

3) 방문하는 예절

- 남의 가정이나 사무실을 방문할 때는 미리 연락해 양해를 구한다.
- 방문 사실을 미리 연락할 때는 방문목적, 시간, 인원, 지체시간 등을 미리 말한다.
- 상대가 환영하지 않거나 바쁜 시간에는 방문하지 않는다.
- 방문 시에는 상대에게 불편이나 불쾌감을 주지 않도록 주의해야한다.

- 방문 시에는 꼭 필요하지 않은 아이들을 동행하여 소란을 피우거나 엉뚱한 사람과 동행하여 주인을 당황하게 해서는 안된다.
- 남의 집에 가서는 초인종이나 대문을 다급하고 시끄럽게 울리고 두드리거나 자동차의 경적을 울리지 않는다.
- 실내에 들어갈 때는 방한용이나 겉옷은 벗고, 바닥을 더럽히지 않도록 신이나 발바닥을 정결하게 한다.
- 용무가 끝나면 너무 지체하지 말고 바로 일어난다.
- 어떤 경우라도 주인이 원치 않는 방문은 삼가며 주인을 괴롭게 하지 말고 예절을 깍듯이 지킨다.

8. 상하석 예절

-예절의 방위-

"청함을 받은 사람들의 상좌 택함을 보시고 저희에게 비유로 말씀하여 가라사대 네가 누구에게나 혼인 잔치에 청함을 받았을 때에 상좌에 앉지 말라 그렇지 않으면 너보다 더 높은 사람이 청함을 받은 경우에 너와 저를 청한 자가 와서 너더러 이 사람에게 자리를 내어 주라 하리니 그때에 네가 부끄러워 말석으로 가게 되리라 청함을 받았을 때에 차라리 가서 말석에 앉으라 그러면 너를 청한 자가 와서 너더러 벗이여 올라 앉으라 하리니 그때에야 함께 앉은 모든 사람 앞에 영광이 있으리라" (눅 14:7-10)

예절에서 방향을 말할 때는 전후좌우라고 하지 않고 동서남북이라고 한다. 여러 사람이 각기 향한 곳이 다르면서 전후좌우라고 하면 누구의 전후 좌우인지 분간할 수 없으므로 혼란을 막기 위함이다.

예절에서의 동서남북은 자연의 동서남북과 관련 없이 예절을 행하는 장소에서 제일 윗자리(상석)가 북쪽이고, 상석 앞이 남쪽이고, 왼쪽이 동쪽이고, 오른쪽을 서쪽이라 한다.

예절 방위의 특례로 특정 자연인을 기준으로 말할 때 누구의 오른 쪽 또는 누구의 왼쪽이라고 말하며, 그냥 전후좌우라고 하면 상석의 전후좌우를 말하는 것이다.

북쪽의 기준	상석의 기준
교회 : 십자기(강대상)	산사람 : 동쪽
혼인예식 : 주례	생사모두 : 북쪽
교실 : 선생님	중앙과 주변 : 중앙
직장 : 최상급자	상석에 가까운 곳과 먼 곳 : 상석에가까운 곳
건물, 묘지 : 남향으로 간주	편리한 곳과 불편한 곳 : 편리한 곳
	안전한 곳과 위험한 곳 : 안전한

1) 좌석 배치 예절

(1) 승용차
① 운전자가 있을 때
- 운전자의 대각선 뒷좌석이 최상석
- 운전자의 뒷좌석

- 뒷좌석의 가운데 자리
- 운전자의 옆좌석

② 자가 운전인 경우
- 운전자의 옆자리가 상석
- 운전자의 부인과 동승한 경우 운전석 옆 자리는 부인석
- 뒷좌석의 가운데는 여성을 태우지 않도록

(2) 비행기
- 비행기는 창가의 자리가 최상석
- 3인용 좌석은 통로 쪽이 두 번째, 가운데가 세번째
- 단체 탑승시 인솔 책임자는 나중에 오르고 제일 먼저 내린다.

(3) 열 차
- 진행방향의 창쪽이 최상석, 그 맞은편이 두 번째, 최상석은 옆좌석이
  세 번째, 세 번째 맞은편이 네 번째
- 2층 침대칸인 경우 아래층이 상석

(4) 여러 사람이 함께 타는 대중교통수단(버스, 기차, 배, 비행기)
- 한쪽과 통로 쪽은 창쪽이 상석
- 가는 방향을 바라보는 쪽과 등지는 쪽은 바라보는 쪽이 상석
- 안쪽과 출입문 쪽은 안쪽이 상석
- 안전하고 편리한 곳과 위험하고 불편한 곳은 안전하고 편리한 곳이
  상석

9. 착석 예절

-허리를 펴고 밝은 표정으로-

예배를 드릴 때나 어떤 장소에서 의자에 앉을 때는 전후좌우 앉은 사람에게 불편을 주지 않도록 예절을 지켜야 한다.

(1) 남자

얼굴표정은 밝게 하고, 시선은 상대를 사랑의 눈빛으로 바라보고, 양발은 어깨 넓이로 벌리고 발끝, 무릎, 어깨 넓이가 일치되도록 하며 (예배 시는 두 발, 두 무릎을 붙이도록 한다.) 귀, 어깨뼈, 옆구리 뼈가 일직선이 되도록 허리를 펴고 손은 두 주먹을 쥐어 두 무릎 위에 가지런히 올려놓는다.

(예배 시는 공수하고, 두 무릎 위에 가지런히 올려놓는다.)

(2) 여자

얼굴표정을 밝게 하고, 시선은 상대를 사랑의 눈빛으로 바라보며, 양발끝과 무릎을 붙이고 허리를 펴며 손은 공수를 하여 무릎 위에 올려놓는다.

(긴치마를 입었을 때는 오른쪽 무릎이, 짧은 치마를 입었을 때는 치마 끝과 무릎 사이에 공수한 손을 올려놓는다.)

10. 공수 예절

(1) 공수(拱手)란?

어른을 모시거나 의식행사에 참석하여 공손한 자세를 취하는 방법을 말한다. 공손한 자세를 취하기 위해 손을 모아 잡을 때는 남자는 왼손이 위로, 여자는 오른손이 위로 (평상시) 공수는 어른을 모시거나 의식행사에 참석하여 공손한 자세를 취하는 것인데, 서있거나 앉아 있을 때 다소곳하게 두 손을 모아 잡는 것을 일컫는다.

(2) 공수하는 법

공수는 자기 혼자서 하는 것이기 때문에 자기 자신이 상석이 되며 자기의 왼쪽이 동쪽이고, 오른쪽이 서쪽이 된다. 동쪽은 해뜨는 곳이니까 양(陽), 즉 남자는 양이니까 남자의 방위는 동쪽인데 그 동쪽이 왼편에 있으니까 남자는 좌(左)이고 서쪽은 해지는 곳이니까 음(陰), 즉 여자는 음이니까 여자의 방위는 서쪽인데 그 서쪽이 오른편에 있으니까 여자는 우(右)이다.

그러니까 남자는 왼손을 위로하고 여자는 오른손을 위로하는 것이다.

(男左女右는 男東女西)

(1) 평상시 공수

남자는 왼쪽 손이 위로, 여자는 오른쪽 손이 위로(男左女右)가게 포게 잡는다.

(2) 흉사시 공수

평상시와 반대로 한다.

> ※ 흉사(凶事)시란?
>
> 흉사는 사람이 죽은 때를 말한다.
>
> 흉사의 공수는 사람이 죽어서 약 백일만에 지내는 졸곡제(卒哭祭) 직전까
>
> 지의 행사에 참석할 때

제 3 장

예의 바른 교회생활

"형제들아 사랑하여 서로 우애하고 존경하기를 서로 먼저 하며"(롬 12:10)

"단 마음으로 섬기기를 주께 하듯 하고 사람들에게 하듯 하지 말라"(엡 6:7)

1. 하나님을 섬기는 예절

"온 땅은 여호와를 두려워하며 세계의 모든 거민은 그를 경외할지어다"(시 33:8)

교회는 하나님을 자신 안에 영접하여 모심으로서, 자신이 곧 성전의 형태가 된, '믿음의 본질' 안에 거주하는 삶을 항상 현재의 상태로 살아가고 있는 자 그 개인이 가장 훌륭한 '개인교회'이다. 그러므로 이 '믿음의 본질' 안에 들어오지 않는 자는 그가 겉으로는 아무리 훌륭한 조건들을 갖추었다고 하더라도 그는 절대로 '개인교회'를 이룩하지 않은 자일뿐이다. 그리고 '공동체교회'는 이렇게 훌륭한 개인교회들이 별도로 약속하여 모이는 모임이다. 교회를 에클레시아($εκκλησια$), 즉 "불러내었다."라는 의미를 가진 것은 이렇게 모은 무리들이라는 말이다. 그래서 이렇게 훌륭한 개인교회들로서 그 생활들 전체가 예배의 삶을 살아가고 있는 참된 성도들이 하나가 되도록 모여서 예배를 드리는 이렇게 아름다운 예배는, 하나님께서 참으로 영광을 받으시는 귀하고 귀한 예배가 된다. 이것이 교회의 본질이다.

"섬기다"는 말은 히브리어 샤라트는 종, 성소에서 수종을 들다. 등의 의미이며, 희랍어 둘류오($δουλευω$)는 종이 되다, 예속되다, 종의 일을 수행하다, 종노릇하다, 섬기다, 복종하다. 등의 의미들을 가진 말이다. 특히 성도들이 하나님을 섬긴다고 할 대는 비록 하나님 편에서는 우리들을 자녀들로 만드셔서, 우리들로하여금 아버지라고 부르게 해 주셨으며, 아가페사랑을 하시 하시지만, 성도들이 하나님을 섬기는 기본적 자세는 종의 신분으로서 종의 일로 섬겨야 한다.

교회는 그리스도를 중심으로 이루어져야 하며 하나님의 말씀을 중심으로 살아가는 예절 바른 성도들의 모임이어야 한다. 자기 뜻대로 예배드리고, 자신의 경험을 따라서 마음대로 설교하고, 정욕대로 기도하고, 인간적으로 봉사하는 교회 생활은 바람직하지 못한 생활이다.

물론 교회 생활이란 어려운 점이 많다. 제 각기의 많은 사람들이 모여 있고 늘 사탄과의 전쟁 가운데 있기 때문에 시험에 들지 않게 경성하고 깨어 있어야 한다.

교회는 예수 그리스도의 몸이기에 예수 그리스도의 성품을 나타내며 성령의 역사로 지도함을 받아 나아가야 한다. 하나님의 말씀이 정확히 선포되어져야 하며, 성례가 올바로 집행되어져야 하고, 권면과 권징이 공의롭게 시행되어져야 한다.

교회는 세상의 소금과 빛으로서 등대와 같이 죄악 속에 살아가는 사람들을 진리의 말씀으로 지도해야 할 사명이 있다. 그러기에 어려운 이웃을 구제하며 도와주고 그들에게 사랑을 베푸는 것이 도리이다.

우리는 우리의 창조자 되신 하나님을 경외하도록 만들어진 피조물이다. 신명기에 보면 자세하게 명령이 나와 있다.

예수님께서도 우리에게 위대한 계명을 주셨는데 하나님을 사랑하고 네 이웃을 네 몸같이 사랑하라고 하셨다.

예절의 근본정신은 나를 포함한 모든 이웃의 인격을 아끼고 존중하며 사랑하는 것이다. 그러므로 교회가 먼저 예절 바른 모습을 지녀야 하며, 예의 바른 성도들이 되어야 한다.

"이스라엘아 네 하나님 여호와께서 네게 요구하시는 것이 무엇이냐 곧 네 하나님 여호와를 경외하여 그 모든 도를 행하고 그를 사랑하며 마음을 다하고 성품을 다하여 네 하나님 여호와를 섬기고"
(신 10:12)

1) 주일성수

하나님께서는 천지만물을 엿새 동안 창조하시고 이레 되는 날은 쉼으로 인간을 향해 안식일을 지켜 그 날을 거룩하게 하라고 하셨다. 안식일은 단순히 쉼을 의미하기도 하지만, 이날은 하나님을 기억하고 거룩히 지켜야 하는 것이다.

구약에서는 토요일을 안식일로 지키다가 예수께서 십자가의 못박힌 후 주일에 부활하여 오늘날은 주일을 지키고 있다. 이는 우리의 죄악을 담당하셔서 우리를 죄에서 구원하신 예수님의 부활하신 주님의 날을 지키는 것이다. 그러므로 주일은 전적으로 하나님께 영광을 돌리는 것이다. 주일을 범하는 것은 하나님께서 주신 법을 어기는 것이며 더럽히는 것이다. 주일 성수는 지키는 자들에게는 어려운 법이 아니지만 잘 지키지 않는 성도들에게는 대단히 어려운 법이 될 수 있다.

주일 성수는 일주일간의 노동으로부터 휴식하는 의미일 뿐 아니라 영적인 안식과 더 나아가서는 죄로부터의 안식을 의미한다. 하나님은 이 날을 기억하여 거룩히 지키라고 하셨다.

하나님은 온 우주 만물을 인류를 위해 만드셨다. 그리고 인류는 하나님께 영광을 돌리게 하기 위해서 창조하셨다. 그런데 현대 기독인들은 주일을 등산이니 오락이니 다니다가 남는 시간을 드리는 것으로 생각하고 있다. 주일은 가장 귀중한 시간을 드리는 것이다. 이날은 모든 예배에 마음과 정성을 다하여 참석하고 하나님께만 영광을 돌려야 한다.

2)성례식

구약에서는 우리 주께서 제정해 주신 세례와 성찬예식의 두 가지가 있다. 구약시대의 사람들이 할례를 행하고 희생제를 드리며 피를 뿌려야 했다면, 예수님이 오신 뒤에는 세례를 받으며 그리스도의 살과 피를 기념하는 성찬에 참여해야 한다. 이 예식에 참예하면서 성도들은 그리스도의 은혜 안에 머물게 되며 세상과 구별된 삶을 위하여 하나님의 말씀을 따라 하나님을 섬기는 법을 배우게 된다.

성례식은 거룩하게 거행되어져야 하나, 성례 안에 무슨 힘을 주어지거나 그것을 집행하는 사람의 경건이나 의도에 따라서 효력이 나타나는 것은 아니다. 성례는 오직 성령의 역사로 말미암아 나타나는 것이며, 그리스도께서 성례를 제정하신 말씀에 의한 것이다. 성례는 아무나 베풀지 못하고 반드시 합법적으로 세움을 받은 목사로 말미암아 집행되어야 한다.

3) 세례식

"그러므로 너희는 가서 모든 족속으로 제자를 삼아 아버지와 아들과 성령의 이름으로 세례를 주고" (마 28:19)

"또 가라사대 너희는 온 천하에 다니며 만민에게 복음을 전파하라 믿고 세례를 받는 사람은 구원을 얻을 것이요 믿지 않는 사람은 정죄를 받으리라" (막 16:15~16)

세례는 예수님께서 정해주신 성례인 만큼 그리스도에게 접붙임을 받고 하나님께서 자신을 봉헌하여 서약함으로써 교회에 입회하는 엄숙한 의식이다. 세례를 받은 자는 절차상 학습을 거치게 되는데 이는 세례를 받기 전 예수를 믿기로 작정하고 일정한 기간동안 교회생활을 배워 서약하는 행위이다. 세례든 학습이든 모두가 다 예수를 구주로 영접하고 자신의 죄를 고백하며 교회의 다스림을 따르겠다는 신앙고백을 기초로 해야 한다. 하나님 앞에서의 신앙고백을 토대로 하지 않는 의식으로서만 세례는 바람직하지 못하다.

세례는 통상 교회 안에서 이루어지며 하나님의 거룩이므로 어떠한 경우를 막론하고 합법적으로 안수를 받은 목사가 해야지 평신도가 세례를 베풀어서는 안된다. 세례를 무시하는 것은 죄가 되며 받지 않는 것은 스스로 하나님의 뜻을 저버리는 것과 같다.(눅 7:30)

(1) 세례의 7가지 원리

① 오직 하나님으로부터 세우심을 입은 목사가 준다.

② 예수 그리스도가 자신의 구주되심을 시인하고 신앙을 고백하는 자가 받을 수 있다.

③ 특별한 경우를 제외하고는 교회에서 온 회중들을 증인으로 베풀어야 한다.

④ 세례를 받기 전 베푸는 자나 받는 자 모두 충분한 문답을 하고 신중한 신앙의 결단을 해야 한다.

⑤ 세례를 받는 성도는 진정한 마음으로 하나님 앞에 서약하며 도우심을 간구해야 한다.

⑥ 고백을 마치면 목사는 물로서 성부와 성자와 성령의 이름으로 세례를 베푼다.

⑦ 다음에 목사는 기도하고 세례교인이 된 것을 공표한다.

(2) 유아세례의 7가지 원리

① 최소한 부모 중 한편 이상이 믿는 자이어야 한다.

② 유아세례를 받을 아이의 부모는 자신의 아이가 예수 그리스도의 보혈로 죄씻음을 받아 성령의 은혜로 새롭게 되어야 함을 믿어야 한다.

③ 부모는 자신의 구원을 위하여 전력했던 것처럼 아이도 예수님을 신뢰할 수 있도록 하나님 말씀으로 양육하기로 다짐해야 한다.

④ 유아세례는 아이를 하나님께 완전히 맡기며 바치는 것이다.

⑤ 앞으로 부모는 아이에게 친히 신앙의 모범을 보여 경건을 유지하며 함께 기도하여 아이의 양육에 최선을 다해야 한다.

⑥ 단지 서약만 부모가 대신할 뿐 성인 세례와 똑같이 물로서 성부와 성

자와 성령의 이름으로 베풀고 회중 앞에 공포해야 한다.

⑦ 유아세례 받은 자는 성년이 될 때까지 부모와 교회를 통하여 신앙을 배우고 성년이 되어서는 과거 부모의 고백을 자신의 고백으로 삼으며 세례 받은 자의 신앙고백과 같은 고백을 하여 성년이 되면 반드시 입교를 해야 한다.

4) 성찬예식

"내가 너희에게 전한 것은 주께 받은 것이니 곧 주 예수께서 잡히시던 밤에 떡을 가지사 축사하시고 떼어 가라사대 이것은 너희를 위하는 내 몸이니 이것을 행하여 나를 기념하라 하시고 식후에 또한 이와 같이 잔을 가지시고 가라사대 이 잔은 내 피로 세운 새 언약이니 이것을 행하여 마실 때마다 나를 기념하라 하셨으니 너희가 이 떡을 먹으며 이 잔을 마실 때마다 주의 죽으심을 오실 때까지 전하는 것이니라 그러므로 누구든지 주의 떡이나 잔을 합당(合當)치 않게 먹고 마시는 자는 주의 몸과 피를 범하는 죄가 있느니라 사람이 자기를 살피고 그 후에야 이 떡을 먹고 이 잔을 마실지니" (고전 11:23~28)

예수 그리스도께서 잡히시던 날 밤 최후로 제자들에게 기념 예식을 가르쳐 주셨는데 그것이 곧 성찬 예식이다. 예수님의 자신의 십자가의 구속을 기념하라고 하셨다. "또 떡을 가져 사례하시고 떼어 저희에게 주시며 가라사대 이것은 너희를 위하여 주는 내 몸이라 너희가 이를 행하여 나를 기념하라 하시고 저녁 먹은 후에 잔도 이와 같이 하여 가라사대 이 잔은 내 피로 세우는 새 언약이니 곧 너희를 위하여 붓는 것이라" (눅 22:19-20).

이로 보건대 성찬 예식은 함부로 할 수 없는 하나님께서 정해 주신 예식이다. 제자들에게 성찬 예식을 지키라고 명령하신 예수님께서는 분명히 말씀하셨다. (마26:29) "내가 포도나무에서 난 것을 이제부터 내 아버지의 나라에서 새 것으로 너희와 함께 마시는 날까지 마시지 아니하리라"(마 26:29). 이 말씀은 앞으로 있을 어린양의 혼인 잔치의 약속이다. 성찬식은 예수님이 재림하시는 그날까지 즉 세상의 끝날까지 성도라면 반드시 지켜야 할 예식이다.

(1) 잘못된 성찬 예식의 5가지 예(웨스트민스터 신앙고백서 29장)
① 공적인 것이 아닌 사사로이 행하는 것은 잘못이다.
② 떡과 포도주를 경배하거나 높이 들어올리거나 존경함으로 들고다녀 서는 안된다.
③ 축사나 다른 방법을 통해서 떡과 포도주의 실체가 그리스도의 참 몸과 참 피로 변함을 믿는 화체설은 잘못이다.
④ 그리스도 살과 피는 떡과 포도주 안이나 그 밑에 있는 것이 아니며 신자들의 믿음에 대한 영적인 의미를 가질 뿐이다.
⑤ 자신의 죄를 돌아보지 않고 주의 몸을 분별하지 않는 성찬예식은 자기 의 죄를 먹고 마시는 것이다. (고전 11:29) 그러므로 무지와 불경건한 상태로 있으면서 이 예식에 참예하는 것은 부당하다.

(2) 성찬예식의 5가지 원리
① 성찬 예식은 예수께서 자신의 희생을 기억하고 성도가 이를 기념함으로 교제하도록 만드신 성례이므로 성도들은 단 한번으로 자신을 바치신 예수 그리스도의 죽으심을 기념함에 경건해야 한다.
② 교회에서 성찬식을 할 때는 미리 광고하여 성도들로 하여금 성찬의 성격을 알게 하고 자신의 죄를 고백하여 예비하게 함으로써 합당한

마음으로 참여하게 해야 한다.

③ 세례교인이어야 이 예식에 참예할 수 있고 세례교인이라 할지라도 공식적인 치리회에서 수찬 정지의 벌을 받은 자는 참예할 수 없다.

④ 참석자들은 진정한 마음으로 자신을 돌아보며 죄를 회개하며 자신을 구속하기 위하여 십자가를 지신 주 예수 그리스도의 은혜에 감사하며 성도들 간의 교제를 통하여 주의 죽으심을 오실 때까지 전 할 것을 각오하며 기도함으로 일관해야 한다. 허기를 달래기 위함이나, 세속 제사 후의 음복행위 같이 생각해서는 안된다.

⑤ 떡과 포도주의 순서로 하되, 목사가 먼저 취하고 장로가 교인들에게 베푼 다음 장로들은 목사에게서 받는다. 떡과 포도주는 준비에서 마무리까지 당회원들이 주관하며, 남은 것은 아무데나 버리지 말고 지정된 곳이나 깨끗한 곳에 묻는 것이 좋다.

2. 교회 예배시 참석 예절

"그러므로 형제들아 내가 하나님의 모든 자비하심으로 너희를 권하노니 너희 몸을 하나님이 기뻐하시는 거룩한 산 제자로 드리라 이는 너희의 드릴 영적 예배니라" (롬 12:1)

예배는 하나님께서 우리에게 임재하시어 "너는 내 것이라"고 인쳐 주시는 시간이므로 우리는 하나님의 뜻대로 하나된 마음을 묶어 바치는 예절을 행해야 한다. 인간이 하나님 앞에서 예배 할 수 있다는 자체가 얼마나 아름다운 일인가. 그러므로 교회에서 행동 예배나 그 밖에 모든 예배에 이르기까지 예절을 갖춘 온전한 예배로 행해야 한다.

"아름답고 거룩한 것으로 여호와께 경배할지어다 온 땅이여 그 앞에서 떨지어다" (시 96:9)

바울은 로마서 12장 1절에서 "그러므로 형제들아 내가 하나님의 모든 자비하심으로 너희를 권하노니 너희 몸을 하나님이 기뻐하시는 거룩한 산 제사로 드리라 이는 너희의 드릴 영적 예배니라"고 하였고 요한복음 4장 24절에서는 "하나님은 영이시니 예배하는 모든 자는 신령과 진정으로 예배하라"고 말씀하셨다. 그러기에 예배는 인간의 행동중에 가장 예의를 갖춘 표현이어야 한다. 예배시에는 모든 예의 범절을 동원하여 하나님께 가장 큰 영광을 돌려야 하는 것이다.

1) 마음자세

늦어도 20-30분 전에 성전에 도착하여 예배 준비를 해야 한다.
미리 자리를 잡는 것은 삼가야 하며 연장자나 새신자에게는 자리를 양보할 줄도 알아야 한다.

2) 복장, 용모

용모와 복장은 깨끗이 하고 친근감과 우아한 향기를 지닌 몸가짐으로 함께 예배를 드리는 성도들에게 좋은 이미지를 줄 수 있도록 한다.

3) 성경

성경책은 한 가족이라도 개인별로 따로 지참하고 설교 중에는 엄숙한 가운데 요점을 메모하면서 경청을 하고, 옆 사람과 대화를 삼가고 절대로 졸고 있어서는 안 된다.

4) 기도자세

기도는 하나님이 허락해 주신 인간의 특권이다. 하나님께서는 우리와의 영적 교제를 원하신다. 다시 말해서 인간은 기도를 통해 하나님과의 영적 교제를 나눌 수 있다. 기도는 신앙의 동맥이며 신자의 유일한 예절의 표절이 될 수 있는 동적인 것이다.

기도에도 예절이 담겨 있어야 한다. 무의미한 말을 삼가야 한다. 흙으로 빚어진 토기가 감히 자신을 만드신 하나님께 서원하며, 간구하며, 회개하는 유일무이한 이 순간에 어찌 중언부언 하겠는가?

기도자는 하나님 앞에서 함부로 입을 열지 말며 급한 마음으로 말을 내지 말고 기도를 간결하게 해야 할 것이니 이는 하나님은 하늘에 계시고 인간은 땅에 있음이다.(전5:2) 하나님은 우리가 구하기 전에 있어야 할 것을 미리 아시고 모든 좋은 것을 주시려고 이미 다 준비하시고 계시며, 우리들이 부르기 전에 응답하시고 기도를 마치기 전에 들어주시는 분이시다.(사65:24)

- 진정으로 죄를 회개해야 한다.(시66:18)
- 기도하기 전에 먼저 아무에게나 혐의가 있거든 용서해야 한다.(마 6:15)

- 먼저 하나님의 뜻을 따라 기도해야 한다.(요일5:14)
- 전심으로 하나님을 찾고 찾으면 하나님을 만날 수 있다.(렘29:13)
- 기도의 끝 부분은 예수님의 이름으로 기도해야 한다.(요14:14, 26)

* 공식예배를 시작할 때는 간단 명료하게 기도함이 좋다.

* 예의바른 기도를 위한 7가지 금지사항.
 ① 샛눈을 뜨고 주위를 두리번 거리지 말 것.
 ② 껌을 씹거나 잡음을 내지 말 것.
 ③ 다른 일이나 행동을 하지 말 것.
 ④ 타인을 저주하는 기도를 하지 말 것
 ⑤ 기도로 하나님을 시험하지 말 것.
 ⑥ 농담기도를 하지 말 것.
 ⑦ 죄 짓는 기도를 하지 말 것.

5) 헌금

"나와 나의 백성이 무엇이관대 이처럼 즐거운 마음으로 드릴 힘이 있었나이까 모든 것이 주께로 말미암았사오니 우리가 주의 손에서 받은 것으로 주께 드렸을 뿐이니이다" (대상 29:14)

오직 헌금은 하나님께서 나에게 주신 모든 은혜에 대한 감사의 표시일 뿐더러(골 2:6-7), 자신의 모든 것을 하나님께 드리는 표시로서 순결한 마음으로 드리는 것이다. 그러므로 교회의 모든 성도는 주께로부터 받은 재물을 가지고 정한 규례대로 헌금 하는 일에 힘써야 된다. 이로써 주 예수 그리스도의 명하신 대로 복음을 천하 만민에게 전파하는 일에 도움을 줄 수 있다.

교회는 이 일을 위하여 회중으로 헌금할 수 있는 기회를 주어야 한다. 성도가 교회에서 하나님께 헌금하는 일은 성도들만이 누리는 매우 아름다운 하나님의 일이다.

헌금은 각각 그 마음에 정한대로 미리 준비 하여야 할 것이며 인색함이나 억지로 하지 말아야 할 것은 하나님은 감사하는 마음과 기쁨으로 내는 자를 사랑하시기 때문이다.(고후9:7)

헌금을 통한 하나님에 대한 예절을 키우기 위해서는 미리 헌금을 정성스럽게 준비 해 놓는 것이다. 거기에 덧붙여 새 돈을 준비하는 정성이라면 더 아름다울 것이다. 일본인 들은 돈을 다리미로 다려서 헌금하는 이도 있다. 우리의 헌금이 아벨의 제사가 되어지기를 바란다.

6) 성전

성전은 기도하는 집이다. 성전에서 세속적인 이야기로 소란을 피운 다거나 장사를 해서는 안된다. 그리고 예배하는 곳으로 청결하게 정돈되어 있어야 한다.

7) 인사 – 교제

자리에 앉을 때 옆 자리에 계신 성도님께 할렐루야! 라고 인사 하면서 정답게 옆 자리에 앉는다면 더욱 좋은 인상을 심어주어 기쁨과 즐거움으로 예배를 드릴 수 있을 것이다.

8) 지켜야 할 기본 행동

- 어린이를 동반한 성도들은 어린이 동반 예배실을 이용한다.
- 식음료를 마시거나 껌을 씹지 않는다.
- 의자에 앉아서 예배를 드릴 때 다리를 꼬고 앉는다던가 신발을 벗어놓고 발을 내놓은 상태로 앉아 있으면서 옆자리 성도들에게 불쾌감을 주지 않도록 한다.
- 휴지나 쓰레기는 먼저 본 성도가 주워 쓰레기통에 치우고 주변 환경을 청결히 하는데 솔선 수범해야 한다.
- 예배 종료 시는 목사님의 축도를 받고 성가대의 예배 종료 찬송이 끝난 후 질서 있게 퇴장한다.

3. 예배위원의 예절

예배가 인간이 하나님께 행할 수 있는 예절 중에 가장 형식화된 것이라 함은 예배를 위해 수종드는 일의 귀중함을 잘 말해주는 것이다. 예배의 수종은 아무나 할 수 없는 고귀한 일이다. 아무리 큰 권세를 가진 사람이라도 하나님의 허락 없이는 예배의 수종을 들 수 없으며, 돈이 많은 사람도 그 일을 돈주고는 살 수 없는 것이다.

그러므로 예배 봉사자는 자신이 하고 있는 일의 귀함을 알아 한치라도 소홀함이 없이 최선을 다해 감당해야 한다. 예배 위원들은 최소한 30분 전에 나와서 자신의 죄를 회개하며 하나님께 도움을 구해야 한다. 자기의 인격이나 재능만 의지하고 예배에 수종든다면 그것은 겉 치레를 잘한 형식적인 행사일 뿐이다.

"그리고 맡은 자들에게 구할 것은 충성이니라" (고전 4:2)

봉사자의 기본	봉사자의 금기사항	성도응대의 5요소
사명감	팔짱	인사
	뒷짐	표정
책임감	주머니 손	언어
	손가락질	태도
희생정신	상처 주는 말	복장

예배 위원들은 정장을 할 것이며, 자신의 일이 하나님 앞에서의 신적이며 공적인 책임이 있음을 깨닫고 자신을 숨겨야 한다.

1) 사회자

예배 사회자는 보통 설교자가 겸하는 경우도 많으나, 별도의 사회자가 있는 것이 좋다. 사회자의 언행이 중요한 것은 예배의 분위기를 좌우 할 수 있기 때문이다. 그러므로 사회자는 예배에 임하기 전에 미리 와서 예배 순서를 숙지하고 기도함으로 철저히 준비하여 실수함이 없도록 노력 해야한다.

사회는 분명하게 할 것이며, 감정에 치우치지 말아야 한다. 더욱이 경고

망동 해서는 안 될 것이 예배는 거룩해야 하기 때문이다.

사회자의 복장은 정장이거나 가운을 착용하고 안색은 평안히 해야 하며 발음은 크고 정확하게 하여 듣는 이로 하여금 불편하지 않도록 해야 한다.

예배 중 성경 봉독은 하나님의 말씀을 대독 할 뿐 아니라 공식 예배의 일부분이니 반드시 조심스럽게 봉독 할 것이다. 신구약 성경은 청중이 알아 듣게 하기 위하여 총회가 공인한 성경을 낭독 할 것이며, 너무 빠르거나 너무 느려 지루하지 않게 해야 한다.

2) 기도자

대표 기도자는 회중을 대표해서 하나님께 기도함을 깊이 인식하고 절대로 사적인 기도를 피하며 어떤 특정인을 위한 기도는 삼가야 한다. 대중이 알아 들을 수 있도록 정확하게 발음하며 본서에 수록된 기도 예절을 최대한 습득한 뒤 대표 기도를 해야 할 것이다.

대표 기도자는 설교자가 강단에 오르기 전에 반드시 그 설교를 준비한 것 같이 자신이 하나님께 대표 기도 할 것도 준비하는 것이 바람직하다. 아무런 기도의 준비도 없이 횡설 수설하는 것은 무례한 행동이다. 대표 기도자는 반드시 성경을 숙독하고, 기도에 대한 서적을 연구하고 묵상하며, 하나님과 교통함으로 기도하는 능력과 정신을 얻어야 한다. 기도하기 전에 자기 마음을 정돈하고 기도할 것 등이 어떠한 말이 좋을지 심중에 차례로 준비할 것이니, 이렇게 하여야 기도하는데 위엄과 예모를 구비하며 또 같이 예배한 사람들에게도 유익이 될 것이다.

3) 설교자

설교자는 전심전력하여 설교를 준비함으로 부끄럽지 아니한 일꾼이 되도록 힘써 진리의 말씀을 옳게 분별하여 증거 해야 한다. 설교의 본문은 성경의 한 절이나 혹 몇 절을 택해야 하며, 다른 어떤 경전도 본문으로 채택될 수 없다. 설교의 목적은 하나님의 진리의 말씀을 해석하고 강론하여 성도의 마땅히 행할 본분을 가르치는 데 있다. 설교는 오로지 하나님의 말씀을 증거하는 것이지 자신의 경험이나 철학을 증거하는 시간이 아니다.

설교자는 자신을 나타내지 않고 오직 하나님만을 나타낼 수 있는 방법과 보다 효율적이고 확실하게 성도들이 말씀 앞에 붙잡힐 수 있도록 많이 연구해야 한다. 그러기 위해서는 다른 이들보다 성경을 더 묵상하며, 더 많이 기도하며, 두렵고 떨리는 마음으로 준비하며 연습해야 한다. 재탕은 금물이며 횡설수설하는 언사도 금물이다. 더욱이 강단에서 어떤 특정인을 높이거나 책망하는 설교는 해서는 안된다.

성경적인 어휘력을 키우기 위하여 노력하며 모든 청중이 알아들을 수 있도록 설교의 수준과 빠르기, 억양, 사투리에 조심해야 한다. 자기의 학문이나 능력을 자랑하지 말고, 강단에서 설교한 내용은 설교자 자신이 반드시 준행하도록 해야 한다. 증거한 대로 살지 않는 설교자는 돌아가는 레코드판에 불과하여 언젠가는 깨지고 말 것이다.

설교자는 가정과 개인의 신앙생활에 있어서도 모든 신자의 본이 되어야 한다. 설교에서는 사랑하라고 가르친 자가 이웃을 미워한다면 어찌 되겠는가?

설교자는 설교를 너무 길게 하여 기도와 찬송을 방해하지 말아야 하는데, 이는 설교가 예배의 전부가 아니기 때문이다. 예배는 기도와 찬송과 말씀

증거 등이 함께 어우러져 하나님을 향하여 인간의 가장 귀한 예절을 표하는 것이다. 그러므로 설교자는 적당한 비례로 시간을 사용해야 한다.

설교를 마친 후의 기도는 설교의 내용에 관계된 것을 토대로 기도함이 좋고, 마지막 폐회시의 축도는 하나님을 대신하여 하는 것인 만큼 진실한 마음으로 간절히 축복을 빌어야 한다. 특히 자신이 축복하는 주체가 되지 않도록 조심해야 한다. 목사는 오로지 하나님의 대변자일 뿐이다.

4) 찬양대

찬양대는 정성된 마음과 행동으로 하나님께 찬양해야 한다. 하나님을 찬양할 때는 진심으로 하며, 가사의 뜻을 깨달으며, 곡조를 맞추어 주께 마음을 다해야 한다. 자신의 목소리를 과시하지 말고 늘 겸손히 철저하게 찬송을 연습하여 정성된 마음으로 하나님을 찬양해야 한다. 찬양대원은 예배 시간에 나와서 노래만 부르는 자가 아니라 그 찬양을 준비하는 모든 시간에 참석하여 준비된 찬송을 불러야 한다.

특히, 하나님이 자신에게 주를 찬양하라고 주신 아름다운 목소리를 가지고 찬양으로 순수하게 드려져야 한다.

5) 안내위원

새신자에게는 최선을 다해 친절을 베풀어야 하며 교회를 다시 오고 싶은 확신을 갖도록 이미 주님을 영접한 성도답게 본이 되는 행동을 해야 한다.

(1) 예비단계
 대기(바른 자세, 성도인식, 환경정리)

(2) 본단계
 영접(반기는 표정, 정겨운 첫말, 친절한 접근)
 일 처리 (Speed, Smile, Smart)

믿음의 행동, 믿음의 표정, 믿음의 언어,
소망의 행동, 소망의 표정, 소망의 언어,
사랑의 행동, 사랑의 표정, 사랑의 언어,

신속, 정확, 정중(일에 감동, 모습에 감격, 정성에 감탄)
배웅(관심의 감동, 표정에 감격, 친절에 감탄)

(3) 후단계
 사후처리(정리, 반성, 개선)

* 외부안내

 예고안내
 공평안내
 감동안내

공감적 언어표현

비언어적 표현주의

정성을 다하는 행동

팔짱, 뒷짐, 손가락질 금지

농담, 잡담 금지

6) 헌금위원

- 3명 앞의 시선
- 신속하게(시간절약)
- 감사표시
- 손, 지갑 주시 금지
- 헌금 미 준비자가 무안하지 않게

7) 교통위원(주차장)

주차장에서 차량은 먼저 들어온 차량부터 안쪽으로 안내하여 질서있게 배치한다. 큰 도로 변은 대중교통을 우선으로 안내하고, 교통량이 많은 곳에 시간을 할애하여 복잡하지 않도록 신호한다.

8) 영아,유아부

예배시간에 아기를 데려온 사람은 아기 보는 데만 주력 해서는 안된다.

교회에 예배를 드리러 온 것이지 아기를 보러 온 것은 아니기 때문이다. 예배 중 아이들이 떠들 때면 가만히 구경만 하지 말고 타일러야 하는데 이때 큰 소리를 치거나 얼굴을 붉히면서 혼내지 말고 조용히 타이를 것이며 이 일을 위해 평소에 아이들에게 예배 시에 지켜야 할 예절을 교육해야 한다. 예배 중에 아이를 달래면서 간식을 주는 경우가 많은데 이 보다는 아이에게 예배하는 방법을 가르치는 교육이 더 필요하다.

4. 교역자가 지킬 예의

"이제 가라 내가 제 입과 함께 있어서 할 말을 가르치리라" (출 4:12)

교역자는 설교자로, 교사로, 제사장으로, 목자로 하나님이 세워주신 신앙의 청지기이다. 교역자로는 목사, 전도사 등이 있는데 이것은 교회의 지위 계급이 아니라 단지 직분 일 뿐이다. 목사는 교회의 대표자가 되며, 그리스도의 복음을 전파하고, 성찬 예식을 거행하며, 교회를 치리하는 자로 설교와 교육과 행정을 치리하는 교회의 가장 중요하고 유익한 직분이다. 교역자가 되면 많은 성도들의 존경을 받으며 대우를 받기에 잘못 하다가는 교만에 빠질 수 있다. 항상 교역자는 그리스도의 종된 신분을 명심하고 늘 부족함을 깨달아 살아가는 자들이 되어야 한다.

공동체교회의 '직분' 자란 오직 하나님의 영광을 위하고, 성도들을 위하며, 이웃들을 위하여 자신이 낮아지는 훈련, 실제적인 겸손의 훈련, 자신을 부인하는 훈련, 자신의 십자가를 잘 지고 가는 훈련, 매 순간 죽는 훈련, 잘 가르치는 훈련 등등이 일반 성도들보다도 더 잘 되어있는 '모범자'라는 표현이다. 그러므로 공동체교회 안에서 새롭게 또 다른 약속을 하게되는 목적들이 단순히 어떤 개인이나, 교회 자체의 목적들로 국한되어버린다면 그것은 하나님과의 기본적인 약속을 배반하는 행위들이 되어버린다. 그러므로 어떤 약속을 할 때는, 그 모든 약속들이 오직 하나님의 형상들로 완전하게 세워서 하나님께 영광을 돌려드리는 것을 목적으로 하여야 한다.

1) 예배인도

(1)말씀

하나님의 말씀을 대언하는 교역자들은 하나님을 사랑하며, 어버이를 사랑하고, 웃어른을 공경하고, 마음을 온화하게 하며, 성경을 부지런히 읽고 연구하고, 감정을 잘 절제하고, 구제에 힘쓰고, 용모를 단정히 하며, 걸음걸이는 조용하고 신중히 하며, 말이 추하거나 경솔하고 야비하게 하지 말고, 행동거지는 방자하게 하지 말 것이며, 모든 일에는 공경으로써 하고, 속이거나 눈가림으로 하지 말며 게으르지 말아야 한다. 특히 말씀을 전하고 성도를 교육 하는데 만 힘 쓸 것이지 다른 일로 말씀 연구를 등한시 해서는 안 된다. 매사에 모범이 됨으로써 진실 되게 살아야 하고 공식적인 설교 시에는 개인에 대한 설교를 삼가함이 옳다. 전체적으로 교훈될 일이 아니라면 설교자의 감정에 치우쳐서는 안된다.

(2)기도

교역자의 일은 참으로 힘든 일이므로 기도로 시작해서 기도로 마치지 않으면 안된다. 교역자의 기도뿐 아니라 온 가족들이 합심하여 이 일을 위하여 기도해야 한다.

2) 심방인도

(1) 가정심방

가정을 심방할 때는 미리 약속이 되어야 하며 정기적인 예배뿐만 아니라 문제를 가지고 있는 가정은 그 문제를 해결할 수 있는 예수님으로 위로를 한다. 그 가정에 사는 수준으로 성도를 판단하지 말고, 식사나 차로 부담을 주지 않도록 하며 영적인 성장을 위해 심방하는 것임을 명심해야 한다.

(2) 병원심방

환자를 방문하는 것이기에 복장은 화려하지 않도록 하며 환자와 보호자에게 위로가 되는 말씀을 전해야 한다. 회복이 불가능한 환자에게는 평안히 죽음을 맞이할 수 있도록 도와줄 수도 있다.

독실이 아닌 경우 너무 큰 소리로 예배를 드려 다른 환자에게 눈길을 받는 것은 좋지 않으며 예배를 드릴 수 없는 상황이면 조용히 함께 기도하는 것이 좋다.

(3) 경조사

인생을 살면서 누구나 경조사를 맞이한다. 좋은 일은 좋은 일대로 진심으로 기뻐하고, 장례는 엄숙한 분위기로 슬픔을 함께 한다.

너무 허영이나 허식하지 않도록 가르치며 그리스도 안에서 경조사를 통해 주시는 하나님의 뜻을 헤아리고 그 의미를 바로 알아야 한다.

3) 선후배간의 지킬 예의

목사라고 해서 다같은 목사라고 생각해서는 안된다. 목사의 세계에는 계급은 아니지만 선후배의 질서가 있어야 한다. 이제 막 안수를 받은 자가 평생을 목회에 전념한 선배목사를 무시한다면 그처럼 무례함이 없다 할 것이다. 구약시대에 유명한 선지자였던 엘리사가 그의 선배 엘리야 선지자를 향하여 '아버지' 라 불렀음은 (왕하2:12) 오늘날 모든 목회자들이 명심해야 할 중요한 예절이다.

특히 부목사된 자는 담임 목사를 돕기 위하여 임명 되었음을 명심하고 스스로가 앞서지 아니하며, 신시대의 문명을 배웠다고 해서 선배목사를 무시해서도 안된다.

담임목사는 성도들의 불평과 비난으로부터 부교역자들을 막아 보호해 줌이 좋다. 부교역자들의 실수를 성도들 앞에서 꾸짖지 말며, 성도나 장로들 앞에서 설교를 평하지 않음이 좋다. 마찬가지로 부교역자들은 성도들에게 담임목사의 흉을 드러내지 말고, 자기편을 만들어 분당을 짓지 않도록 조심해야 한다. 담임목사의 실수나 범죄가 있을 때에는 옳고 그름을 간함이 좋다.

4) 개인 생활

교역자는 신앙에 있어 먼저 교인들에게 모범이 되어야 한다. 그래서 한번 말한 것은 끝까지 책임을 질 줄 알아야 하고, 언어에 신용이 있어야 한다. 또한 솔선하고 근검 절약하며 하나님의 말씀대로 살아야지 설교와 생활이 달라서는 참다운 목자라 할 수 없다.

교역에서 쌓인 스트레스는 음악감상이나 산보 등과 같은 규칙적인 생활로 해결하도록 해야지 성내는 것으로 답답함을 씻어 버리는 옹졸한 사람이 되어서는 안된다.

남에게 말만 할 것이 아니라 남의 말도 귀담아 끈기 있게 듣는 습관을 길러야 한다. 하나님이 자신의 입과 함께 있어서 할 말을 가르치심을 깨닫고(출4:12) 교역자는 자기를 위하여, 또는 온 양떼를 위하여 삼가 할 것이니 이는 성령이 저들 가운데 교역자를 삼으시고 하나님이 자기 피로 사신 교회를 치게 하셨기 때문이다.(행20:28)

또한 교역자는 물욕과 성욕과 명예 욕에 물들면 목회자로서 자격을 상실하는 것이다. 늘 근신하여 사탄의 유혹에 빠지지 않도록 기도해야 한다.

5) 가정생활

교역자는 자녀교육과 가정생활에 신경을 많이 써서 실패하지 않도록 해야 한다. 가정도 잘 다스리지 못하면서 교회를 다스린다는 자세는 모순이며 이는 평신도나 어린 아이들 특히 불신자들의 비웃음을 초래하게 될 뿐이다.

5. 섬기는 제직들이 지킬 예의

"네가 죽도록 충성하라 그리하면 내가 생명의 면류관을 네게 주리라" (계 2:10)

"각각 은사를 받은 대로 하나님의 각양은혜를 맡은 선한 청지기 같이 서로 봉사하라"

(벧전 4:10)

- 주의 일은 기분으로, 감정으로 하는 것이 아님
- 주의 일은 조건 없이 하는 것임
- 인간의 종이 되지 말고 주님의 종이 되자
- 할 일이 생각나면 지금하자
- 나는 이 순간 십자가의 모습으로 봉사하고 있는가?

디모데전서 3장 2절로 7절의 말씀대로 장로는 "그러므로 감독은 책망할 것이 없으며 한 아내의 남편이 되며 절제하며 근신하며 아담하며 나그네를 대접하며 가르치기를 잘하며 술을 즐기지 아니하며 구타하지 아니하며 자기 집을 잘 다스려 자녀들로 모든 단정함으로 복종케 하는 자라야 할 것이며, 새로 입교한 자도 마침내 교만하여져서 마귀를 정죄하는 그 정죄에 빠질까 함이요 또한 외인에게서도 선한 증거를 얻은 자라야 할찌니 비방과 마귀의 올무에 빠질까" 염려하는 자가 되어야 한다.

청지기라 함은 장로와 권사와 집사의 직분을 받아 하나님 앞에 충성하는 자를 말한다.

모든 봉사자들을 단정하고 일구이언을 하지 아니하고 술에 인박이지 아니하고 더러운 일을 탐하지 아니하고 깨끗한 양심에 믿음의 비밀을 가진 자라야 한다. (딤전 3:8-9)

1) 장로

장로는 상당한 식견과 통솔력이 있어야 하며 교인과 함께 기도하며 질병과 슬픔을 당한 자와 회개 하는 자와 구제 받을 자를 돌아보고 목사를 도와 성도의 신앙을 보살펴야 한다. 장로 중의 어떤 이는 항상 목사의 일을 반대하고 나서 정치계의 야당과 같은 역할을 사명으로 아는 자가 있는데 하나님 말씀은 위한 충고를 넘어서서 반대를 위한 반대자가 된다면 큰 문제이다. 같은 하나님의 종이지만 목사의 사명과 장로의 사명의 차이를 알고 스스로 겸손과 조력의 자세를 가져야 할 것이다.

2) 권사

권사는 성도들을 돌보며 권면하는 여성도의 가장 책임이 큰 직분이다. 교회에서 시어머니의 위치에 서서 대접만 받으려 할 것이 아니라 젊은 집사들에게 모범을 보여 솔선수범하여 봉사와 심방에 힘쓰는 자가 되어야 한다. 말을 만들어 내거나 불평을 만들어 내는 장본인이 되지 않도록 늘 조심해야 한다.

3) 집사

집사는 목사로 하여금 기도하는 것과 말씀 전하는 일에만 전무 할 수 있도록 교역의 보조자로서 교인들의 신임을 받고 진실한 신앙이 있어 지혜의 분별이 있는 자가 되어야 한다. 교회마다 서리집사 제도를 두게 되는데 다른 직분도 마찬가지지만 서리집사도 역시 봉사직이지 감투가 아님을 알아야 한다. 신년 초에 간혹 자신이 서리집사의 임명에서 누락되었다 하여 교회를 옮기거나 문제를 일으키는 자가 있는데 청지기는 사람이 세우는 것이 아니라 하나님께서 세우시는 직분임을 명심해야 할 것이다.

교회의 봉사하는 일에는 회계, 권찰, 구역장, 주일학교 교사, 찬양대원, 안내 및 헌금 위원, 새 신자 접대위원 등 그 밖에도 여러 가지 역할이 있다. 이와 같이 성도가 각종 봉사하는 일에 전념할 때는 이익을 생각하지 말고 오직 하나님만 바라보고 해야 한다. 인간을 바라보고 하는 봉사는 권위를 찾게 되고 이익을 바라고 하는 봉사는 보답을 바라는 봉사 아닌 봉사가 되고 만다.

봉사자는 교회의 주인의식을 갖고 자기의 봉사를 자랑하거나 공치사해서도 안된다. 직분을 맡은 자들은 그 어떤 부분에 있어서도 독주하려 들어서는 안되고 언제나 섬기는 자가 되어 다른 성도의 모범이 되어야 한다.

그 밖에도 모든 봉사자는 예배시간에 늦거나 결석 하여서는 안되며 교우 심방에 신속하면서도 예절을 잘 지켜야 하며 가정을 잘 다스리고, 성경을 열심히 연구하며, 교우들의 사사로운 비밀을 잘 지켜주고 금전 거래를 신중히 하되 흠이 없어야 한다.

6. 빛으로서 성도의 예절

1) 교역자에 대한 예의

"또 나를 위하여 구할 것은 내게 말씀을 주사 나로 입을 벌려 복음의 비밀을 담대히 알리게 하옵소서 할 것이니" (엡 6:19)

"나의 사정 곧 내가 무엇을 하는지 너희에게도 알게 하려 하노니 사랑을 받은 형제요 주 안에서 진실한 일군인 두기고가 모든 일을 너희에게 알게 하리라" (엡 6:21)

성도들의 협력이 없으면 교역자의 귀한 사역은 이루지 못할 것이다. 이 모양 저 모양의 도움과 교역자에 대한 예절이 있어야 한다. 성도들은 자신의 교회의 교역자들을 위하여 매일 매일 기도해야 한다. 바울은 에베소 교인들을 향하여 하나님께서 자신에게 말씀을 허락하실 것과 담대히 복음의 비밀을 증거하게 하실 것을 위하여 기도해 달라고 부탁했다.(엡6:19) 그리고 그는 자신이 무엇을 하는지 어떤 상황에 처해 있는지를 성도들이 알게 하기 위하여 두기고를 에베소에 보내어 자신의 사정을 알리게 하였다.(엡6:21) 성도가 자기를 목양하는 교역자의 사정을 아는 것이 의무이다. 교역자가 어떤 고민을 가지고 있는지 물질적으로나 건강 면에서 각별히 신경을 쓸 줄 아는 자가 되어야 한다. 교역자의 가정에 어려움이 있는지 없는지를 잘 살펴서 어려움이 있을 때는 반드시 아무도 모르게 도울 것이요, 문제의 해결은 성도가 스스로 맡아 처리해야 할 것이다.

성도끼리 앉아서 교역자의 흉을 보는 일은 매우 경솔한 일이다. 머지 않아 그 흉은 자신의 흉이 될 것이다.

교역자의 설교를 듣고 앉아서 설교를 잘하느니 못하느니 판단하는 일은 좋은 일이 아니다. 하나님께서 사용하시는 교역자는 어떤 모양이로든 하나님께서 사용하실 것이기 때문이며 한편의 설교를 위해 교역자는 일주일 내내 준비한다는 것을 알아야 한다. 무엇이든지 잘하는 이만을 하나님께서 교역자로 삼으시지는 않는다. 성도들은 겸손히 주님의 은혜를 깨달아야 한다.

2) 성도들 사이의 예절

신앙인으로서의 예절의 미덕은 무엇보다도 타인에 대한 예의에서 잘 나타난다. 예의 바르다는 것은 주제넘지 않은 것이다. 그리스도인들은 서로간의 예의를 지켜야 한다. 우선 예의의 첫째 요건은 올바른 신앙관이며, 둘째는 겸손의 미덕이 있어야 한다. 자신의 인격도 존중하지만 남의 인격을 더 높일 줄 아는 미덕의 예절이다.

신앙인 끼리의 예절은 오늘날 너무도 절실히 요구되며 하나님의 자녀들끼리 서로를 위해주는 행위는 하나님을 기쁘시게 하며 영광을 돌려 드림에 너무도 필요한 것이다.

같은 성도가 실수하거나 죄를 지으면 그 악 자체나 죄를 미워할 일이지 사람을 미워해서는 안된다. 자신에게 잘못을 저지른 성도를 아무런 조건 없이 먼저 용서 할 수 있는 것이 신앙인의 예절이다. 하나님은 이미 자신의 죄뿐만 아니라 그 사람의 죄까지 용서해 주셨는데 왜 자신만 용서하지 않고 있는가 깨달아야 한다. 죄는 누구나 지을 수 있는 것이다. 그러므로 성도가 죄를 지었을 때 그를 완전히 미워하거나 결별 하지말고 하나님 앞에 바르게 서도록 계속적으로 권면하고 위하여 기도해 주어야 한다.

성도의 가정에 경사가 있을 때에는 교우가 함께 나서서 축하해 주며 잔치가 있을 때에는 음식을 장만하는데 도와주어야 한다.

특히 어려운 성도의 가정을 구제하는데 게을리 해서는 안된다. 성도들끼리는 서로 나누어주고 구제하는 것이 본분이다. 상을 당한 성도의 가정에는 교인들이 조를 짜서 유족들이 힘든 일을 하지 않도록 도와주고 계속적으로 찬송을 불러 주며 위로해야 한다. 어려울 때 도와주는 신앙의 도움은 연약한 성도들에게는 평생의 힘이 되는 것이다.

사회에서 신분의 차이가 있는 성도들이 한 교회를 다닐 때는 상사의 위치에 있는 자가 스스로 낮아질 수 있는 겸손이 필요하다. 사회에서의 상사가 교회에서는 봉사의 규모가 더 작을 때는 솔선해서 영적으로 깍듯한 예우를 해줌이 마땅하다. 또 사회에서도 상사이고 교회에서도 장로의 직임에 있는 자는 집사나 성도들을 회사와 같이 부리지 않도록 해야 한다.

　초대교회의 성도들이 서로 물건을 통용하며 자기 것을 자기 것이라 주장하지 않았음은 현대인들이 귀담아 들어야 할 도전적인 말씀이다.

　성도간에는 할 수 있는 대로 문제의 해결을 위해 법을 동원하지 않도록 노력해야 한다. 우선은 당사자들간에 기도하며 문제를 해결하고 그래도 해결되지 않을 때는 목회자를 청하여 도움을 받아 신앙으로 풀어나가야 한다. 오히려 법정에서 풀지 못하는 사건도 교회에서는 가능한 법이다. 이것은 하나님의 법이 세상의 법보다 우선이기 때문이다. 한가지 명심할 것은 교회는 민주주의가 아니라 신본주의 즉 '하나님 중심주의' 라는 사실을 기억해야 한다는 것이다.

<h1 style="text-align:center">제 4 장</h1>

<h1 style="text-align:center">행복을 창조하는 가정 예절</h1>

"남자가 여자를 떠나 그 아내와 연합하여 둘이 한 몸을 이룰지로다" (창 2:24)

"이제 둘이 아니요 한 몸이니 하나님이 짝지어 주신 것을 사람이 나누지 못할 것이니라"
(마 19:6)

오늘날에는 핵 가족화로 인하여 가족의 수가 줄어들었고 이에 따라 집안의 웃 어른들과 왕래도 감소되었다. 뿐만 아니라 한 가정에 하나 또는 둘 정도의 적은 수의 자녀만을 두다보니 생활 속에서도 예절을 배울 수 있는 기회도 드물게 되었다.

1. 크리스천 가정생활

"만일 여호와를 섬기는 것이 너희에게 좋지 않게 보이거든 너희 열조가 강 저편에서 섬기던 신이든지 혹 너희의 거하는 땅 아모리 사람의 신이든지 너희 섬길 자를 오늘날 택하라 오직 나와 내 집은 여호와를 섬기겠노라"(수 24:15)

– 예절의 기본은 가정에서 시작 –

1) 가정은 영원하다

- 한 남자와 한 여자가 부부가 되는 것을 가정의 탄생이라고 생각해서는 안됨.
- 오랜 옛날부터 조상들에 의해 이어져 이르렀고 먼 훗날까지 자손들에 의해 영원히 이어지는 것.
- 현대 사람 : 조상에게서 물려받은 가정을 훌륭하게 관리해서 자손들에게 영광스럽게 물려주는 중계자이며 일시적 관리자에 불과 – 윗대와 엇물리고 아랫대와 겹쳐서 어울리기 때문
- 동성동본(同性同本)의 혈족 – 일가(一家) : 한 조상의 자손은 모두 한 가정
- 현행 민법 – 큰아들 큰손자는 조상의 호적을 이어받고 기타의 자손은 분가(分家) – 새 가정을 창시하지 않음.

> ※ 가정의 뿌리는 하나 – 자손들이 가지를 뻗음에 따라 나눈다는 의미
> · 가정은 영원한 것 – 가정예절의 깊이 짐작

2) 가정의 역사와 전통

* 가정 – 오랜 역사와 대대로 이어지는 전통이 있음
* 국가와 민족 – 역사가 있고 일정한 생활 문화원
- 전통적 생활 규범
  사회 조직의 핵 :
  가정 – 역사와 전통이 맥맥히 흐르고 있다.
  가정을 창시한 시조(始祖) → 연면히 이어져 온 역사
- 정의 역사(족보)
  가례(家禮) : 가정 특유의 생활규범이 전해지고 있는 것

※ 가정의 특유한 생활 전통이 사회생활에 저해되지 않는다면 자손들은 그것을 지켜 나가야 한다.

3) 가정의 사회성

가정은 국가 사회의 기본조직 – 많은 가정들이 모여서 지역사회를 이루고 국가를 이루고 있다.

예절 : 일정 생활권의 약속된 생활 규범
- 사회의 구성요소인 가정도 생활 규범을 지키며 살아왔고 살아야 하며 살게 해야 함

가정예절은 사회예절의 샘이며 "봉"

"집에서 새는 바가지는 밖에 나가서도 샌다" – 속담

부모에게 극진한 효도를 하는 사람 – 밖에 나가서도 어른을 공경

가정에서 동기간에 우애하는 사람 – 밖에 나가서도 동료들과 잘 어울린
다.
부부간에 화합하고 존중하면 – 사회 생활에서도 여성을 존중
집에서 아랫사람을 사랑할 줄 아는 사람 – 밖에서도 사랑을 하게 된다.

2. 부부간의 예절

(1) 부부예절의 중요성
① 가정이 사회구조에서의 기본단위 – 부부는 가족의 핵 – 창조의 근원
② 부부가 아니라면 가족형성이 될 수 없고 – 가정이 존립 할 수 없다.
③ 부부예절 – 모든 예절의 근원이며 표본 – 과정이며 결과이다.
 예절의 표본 – 자녀들이 예절을 배우기 때문
 예절의 과정 – 부부를 통해 역사와 전통이 계승되기 때문
 예절의 결과 – 인간 생활에 궁극적인 지표가 원만한 부부에 있으므로

> ※ 혈연관계가 아니면서 가장 밀접한 대인관계는 부부에서 비롯되므로 부
> 부예절은 대인관계 시작이 되고 이상이기도 함

- 몸을 합쳐 부부가 되고 – 마음을 바쳐 가정을 승계하며 – 사랑을 합쳐
  생명을 창조 – 힘을 합쳐 살아감
- 부부 : 신성하고, 존엄하고, 신비스럽고, 위대함
- 윤택하게 하려면 – 부부가 지켜야 할 도덕률이 있고 – 지켜야 할 윤리

관 - 행해야 할 생활 규범을 지킴
- 사회 정의의 퇴폐, 사회윤리의 몰락 - 부부윤리가 퇴폐, 부부화합의 불신에서 시작
- 한 사회의 기강, 국가의 융성, 한 인물의 성장 - 아버지 어머니 부부의 화합과 희생에서 싹틈

(2) 부부의 기본요건

① 부부는 반드시 남성과 여성, 이성(異性)으로 이루어져야 한다. 이것은 대 자연의 섭리를 인간이 구현하는 수단이기 때문이다.

② 부부는 반드시 동성동본(同性同本)이 아닌 다른 핏줄이어야 한다. 동성동본, 즉 같은 핏줄이 부부가 되면 태어나는 사람이 저능화하며 유전병의 발생률이 높기 때문이다. 그래서 우리 나라는 1147년에 근친간의 혼인을 금했고, 1308년에는 성이 다르더라도 4촌 친족간의 혼인을 금했으며, 현행민법에서도 동성동본과 근친간의 혼인을 금하고 있다.

③ 부부는 반드시 일정한 절차에 의한 혼인례를 하고 호적에 부부로 올려야 한다.

④ 부부는 반드시 한 남자와 한 여자로 이루어져야 한다.

⑤ 부부는 반드시 강제가 아닌 임의로 일방적이 아닌 합의에 의해야 한다.

⑥ 부부는 어른의 동의에 참여로 맺어져야 하며, 가정의 평화가 지켜지고 행복이 보장되어야 한다.

(3) 부부의 공통예절

① 부부는 남존여비(男尊女卑)로 차별이 있는 것이 아니고, 동위격(同位格)으로 평등하다

② 부부는 정신적인 면과 신체적인 상태가 달라 그에 상응한 직분의 구별
   을 지켜야 한다.

③ 부부는 자기의 배우자에게 주인을 섬기는 충성을 다해야 한다. 몸과
   마음을 있는 그대로 모두 바치는 것이 충성이다.

④ 부부는 몸과 마음을 항상 함께 해야 한다. 따라서 생활방식 행복의 추
   구 등이 서로 엇갈려서는 안된다.

⑤ 부부는 서로가 처지를 바꾸어 이해하고 화합하여 협력해야 한다. 부
   부간의 이해 화합 협력이 없으면 가정의 파탄이 따르기 마련이다.

⑥ 부부는 항상 배우자에게 없어서는 안 되는 꼭 필요한 존재가 되어야
   한다.

⑦ 부부는 함께 한 가정의 승계자이며 관리자라는 인식으로 조상에게서
   이어받은 가정을 훌륭하게 관리해 자손에게 물려 주어야 하는 책무에
   충실해야 한다.

⑧ 부부는 조상과 웃어른을 받들어 모시고, 자손을 사랑하며 모범을 보여
   바르게 양육 하는데에 서로 미루지 않고 솔선해야 한다.

⑨ 부부는 서로를 존중하고 공경하며 사랑하고 아껴야 한다.

(4) 훌륭한 남편의 예절

"네 우물에서 물을 마시라" (전 5:15)

"젊어서 취한 아내를 즐거워하라" (잠 5:18)

"아내를 얻는 자는 복을 얻고 여호와께 은총을 받는다" (잠 18:22)

① 아내와 자녀에 대해 사랑하는 마음과 온화한 표정을 가지며, 너그럽고
   부드러운 말씨로 자상하게 대화한다.

② 아내를 이해하고 존중하며 어려움이 없도록 배려하고, 아내의 친정 가족과 친숙하며 처가의 일에 관심을 갖고 협조한다.

③ 친족과 이웃에 자상하게 배려해 아내가 칭찬 받게 하며 아내가 할 일에 대해서는 간섭하지 않는다.

④ 아내의 전공분야를 이해하고 격려하며 더욱 발전하도록 협력한다.

⑤ 아내에게 걱정이 될 일은 하지 않으며 남편의 일로 근심하지 않게 한다.

⑥ 모든 일에 아내가 행복감을 가질 수 있도록 배려하고 실천한다.

⑦ 아내에게는 존대말을 쓰고 아이들이 어머니를 존경하도록 실천해 보인다.

(5) 훌륭한 아내의 예절

① 남편과 자녀에 대해 사랑하는 마음과 자상하고 밝은 표정을 갖는다.

② 시댁의 조상과 시부모를 효성으로 섬기며, 남편을 존중하고 신뢰한다.

③ 항상 건전한 아름다움으로 자기를 가꾸며, 가족의 건강과 정결에 힘쓴다.

④ 남편의 바깥일에 간섭하지 않으며, 안살림을 완벽하게 하므로 남편이 걱정하지 않게 한다.

⑤ 시댁의 형제자매와 일가친척에 성심을 다해 남편이 칭찬 받게한다.

⑥ 자녀교육에 사랑을 다하며 온 가족을 편안히 해 주부의 역할에 만전을 기한다.

⑦ 남편이 집에 없더라도 항상 남편이 집에 있듯이 마음으로 존경하고 세심한 주의를 기울인다.

"아름다운 여인이 삼가지 아니하는 것은 마치 돼지 코에 금고리 같다"(잠 11:22)

"어진 여인은 남편의 면류관이다. 그러나 욕을 끼치는 여인은 남편의 **뼈를 썩게** 하느니라"(잠 12:4)

"다투는 여인과 함께 큰집에 사는 것보다 움막에서 혼자 사는 것이 낫다"(잠 21:9)

"다투며 성내는 여인과 함께 사는 것보다 광야에서 혼자 사는 것이 낫다"(잠 21:19)

"누가 현숙한 여인을 찾아 얻겠느냐 그 값은 진주보다 더하니라"(잠언 31:10)

(6) 맞벌이 부부간의 예절

① 배우자의 직장 일에 간섭하지 않으며 알고 싶어하지 않는다.

② 배우자가 묻지 않아도 직장에서의 직무 외의 일을 자상하게 이야기한다.

③ 통상직무 외의 일로 회식 모임 등에 참석할 때는 미리 양해를 구한다.

④ 복장, 몸차림, 액서사리 등은 배우자의 의견을 물어 착용한다.

⑤ 직장의 이성(異性)을 배우자 앞에서 칭찬하거나 관심을 갖지 않는다.

⑥ 자기의 수입이라도 독단으로 처리하지 말고 배우자와 상의해 공동 관리한다.

⑦ 직장 때문에 가정에 불성실하거나 배우자가 걱정할 일이 없도록 한다.

부부생활의 십계

1. 두 사람이 동시에 화내지 마시오.
2. 집에 불이 났을 때 이외에는 고함을 지르지 마시오.
3. 눈이 있어도 흠을 보지 말며, 입이 있어도 실수를 말하지 마시오.
4. 아내나 남편을 다른 사람과 비교하지 마시오
5. 아픈 곳을 긁지 마시오
6. 분을 품고 침상에 들지 마시오
7. 처음 사랑을 잃지 마시오.
8. 결코 단념하지 마시오.
9. 숨기지 마시오.
10. 서로의 잘못을 감싸주고 부족함을 사랑으로 채워 주도록 노력하시오.

3. 부모로서의 예절

1) 가정과 부모

'가정'은 천국의 모형이라고 할 수 있다. 그리고 '부모'라는 호칭은 그 자신들의 그 자녀들과 관련되는 말이다. 그러므로 엄격히 말하자면 자신의 자녀들을 두지 않은 분들에게는 '부모'라는 호칭이 직접적으로 붙여지지 않는다. 왜냐하면 그런 분들에게는 자신의 '자녀들'이 되는 직접적인 상대자들이 없기 때문이다. 그러나 그런 분들도 환경 또는 사회적으로 부모의 칭호를 받을 수 있는 경우들이 있다. 그러므로 부모들에게는 그 자녀들에 대한 본질적인 약속이 있다. 따라서 그 자녀들에게도 그들의 부모님들에 대한 엄숙한 본질적 약속들이 있다.

"약속의 반대적 개념"은 반대·거부(拒否)·배반·거역·패역·패악·불성실·불순종·반역·모역(謀逆) 등이다. 그러나 인류들 전체의 역사에서 거의 모든 부모들은 자신들이 그 자신들의 자녀들과 어떠한 약속관계에 처하여 있는가에 대하여 전혀 생각조차 하지 않았다. 그러기 때문에 모든 부모들은 자신들이 '부모'라는 신분을 제대로 감당하지 못하여 왔다. 그래서 지금까지도 그렇게 하지 못하고 있다. 그러므로 지금에 이르러 "오늘날의 가정은 모두 죽었다."라는 지적을 받고 있다. 그렇다면 부모들에게 주어진 약속의 본질은 어떤 것인가? 부모들에게 주어진 약속의 본질은 부모들의 자격을 규정하는 것들과, 그 약속의 내용들, 그리고 그 약속을 이루어 나가는 방법들로 나누어 생각하여 볼 수 있다.

(1) 부모들의 자격

부모들이 되는 가장 기본적인 자격은 그 자신의 부모로 세워진 목적을 정확히 아는 것이다. 아무리 훌륭한 비행기라고 하더라도 그 비행기가 가야할 목적지가 없다면, 그것은 아무 쓸데없는 것으로서, 오히려 인생들의 삶에 피해를 끼치게될 뿐인 것과 같이, 부모들이 그가 부모들이 된 이유 즉 그 목적을 알지 못한다면 그들은 부모들로서 자격이 없는 것이다.

죠이스 허커트는 말하기를 "부모는 그 자신의 필요를 만족시키기 위해서 아니라, 자라나는 아이와 더불어 이 새로운 인생에 대한 하나님의 목적을 펼치기 위하여 아이를 낳는다. 실로 부모들이 되는 주목적은 이 아기가 하나님께서 주신 그 잠재력을 발견할 수 있도록 여건을 만들어 주는 것이다." 라고 하였다. 이러한 표현에서 그 아이의 목적을, 그 아이 자신들에게 두는 것은 그 본질을 잘 못 알고있는 것이기는 하지만, 그 목적이 그 부모에게 있는 것이 아니라고 지적한 것은 맞는 말이다. 목적은 정확히 알아야 한다. 목적을 착각하거나 그 목적 자체를 왜곡시켜버린다면, 그 목적에서 빗나가므로 그 결과는 전혀 엉뚱한 짓이 되고 말 것이다.

모든 인생들의 가장 기본적이며 가장 우선적인 목적은 자기 자신이 오직 하나님의 영광만을 위하여 사는 것이다. (고전 10:31) 이렇게 하는 것이 모든 인간들의 본질이기 때문에 하나님께서는 이렇게 명령하셨다. 이 땅에 살고있는 우리들에게도 이렇게 명령을 하셨다면, 천국에 있는 성도들과 천사들은 더욱 완전하며 엄청날 정도로 오직, 오직 하나님의 영광만을 위하여 살 것이다. 우리들의 가정은 이 천국에서 이루어지게 될 그 일을 온전히 이루기 위하여 훈련을 하는 축소(縮小)된 모형(模型)이라고 할 수 있다. 그러기 때문에 부모들은 부모들대로, 그리고 자녀들은 더욱 더 그들이 오직 하나님의 영광을 위하여 살아가야 한다. 그러기 위해서는 하나님의 가장 큰 사랑을 받을 수 있는 자녀들이 될 수 있도록 훈련을 잘 받아야 한다.

부모들은 자신의 자녀들이 이렇게 될 수 있도록 양육을 하여야만 한다. 이것이 그 부모들에게 주어진 목적이라는 이 사실을 올바르게 아는 것이 부모들이 갖추어야할 가장 기초적인 자격이다. 모든 생명들의 궁극적인 목적은 자신을 통하여 하나님께서 영광을 받으시도록 하는 것이다. 하나님께서 이를 위하여 가정을 주셨기 때문에, 이 궁극적 목적을 이루기 위하여 부모들에게는 하나님과 자녀들 사이에 중간목적을 주셨다. 그 중간목적은 곧 자녀들이 이렇게 할 수 있도록 훈련을 시키는 것이다.

특히 부모들이 자신의 자녀들을 "자녀들은 나의 것", 즉 "나의 자녀들"이라고 생각하는 것은 너무나도 엄청난 착각일 수 밖에 없다. 성경말씀에서는 "너희들은 너희들의 것이 아니라 나의 것이다."라고 하셨다 (고전 6:19). 자신도 자신의 것이 아니라면 자녀들이 자기 자신의 것이 아닌 것은 너무나도 분명하다. 자녀들을 나 자신의 것이라고 생각한다면, 나 자신의 기분이 내키는 대로 양육을 하게 된다. 그렇게 하는 것은 양육의 방향 그 자체를 뒤집어 엎어버린다. 우리들의 자녀들을 그렇게 생각하면 자연히 하나님의 뜻은 가리어질 수 밖에 없다. 그뿐 아니라 하나님께는 누구의 자식이 별도로 없이 똑 같다. 그러나 우리들이 특별히 "내 자식"만 챙긴다면, 자연적으로 "내 자식"과 다른 아이들을 차별하게되며 다른 아이들에게 상처를 입히게된다. 그러나 모든 분들의 자녀들이 모두 똑 같은 하나님의 자녀들이라고 생각한다면 그러한 잘못은 없어질 것이며, 우리들의 이 전체 사회는 그야말로 아름다운 사회가 될 수 있을 것이다.

(2) 부모들에게 주어진 약속의 내용

부모들에게 주어진 이 약속의 내용들은 그 부모들 각자에게 별도로 주어진 '역할'이라고 할 수 있다. 그 역할은 아버지의 역할과 어머니의 역할이다. '역할'이라는 말에는 이미 약속의 내용들이 포함되어 있다. 우리들은 지금까지 남편과 아내를 지위와 계급의 개념으로 보는, "신분적인 차이"로 생각을 하였기 때문에 한없이 많은 비극들이 일어났다. 그러나 엄밀하게 생각해 본다면 오직 각자에게 주어진 역할이 다를 뿐이며, 결코 주인(主人)과 종(從)으로 구분하는 것과 비슷한 개념의 신분적인 차이는 아니다. 그것은 우리들이 이 땅에 태어나기 전에 다른 곳에서 이미 남자였거나 여자로 있었다는 근거가 없기 때문이다. 오히려 사람이 처음 지음을 받았을 때의 상황에서 나타나 있는 것과도 같다고 할 수 있다. 그때의 상황을 보면 아담도 이 땅에서 지음을 받았으며, 하와도 오직 이 땅에서 여자로 지음을 받았다는 사실이 이를 증명한다. 그리고 우리들의 내세인 천국에서도 전혀 남자와 여자의 개념이 없다는 사실도 이것을 증명하고 있다.

마태복음 22:30은 성도들의 원형을 보여주신다. 천사들과 같은 입장이 되면 남자와 여자가 구별되지 않는다. 그러므로 이 세상에서 남편과 아내는 "하나님의 완전한 사람"이 되기 위한 과정에서 역할이 다를 뿐이다. 그 역할은 인간들에게 기본적으로 주어진 역할이다, 우리들은 이 기본적인 역할에서 그 각자에게 주어진 역할을 성실히 감당하여야할 것이며, 이를 잘 감당할 때 하나님께서 또 다른 사역을 위하여 특별한 역할을 주셔서 더욱 크고 귀한 열매들을 맺도록 하신다.

2) 부모들이 지켜야 할 예절

예절 교육을 할 때는 부모가 너무 일방적으로 강요하지 말고 자연스럽게 생활 속에서 예절을 익힐 수 있도록 분위기를 만들어 주어야 한다. 어린이 발달 수준에 맞게 예절을 가르치고 또 부모가 먼저 본보기를 보여준다면 더욱 효과적인 교육이 될 것이다.

요즈음은 집집마다 외동이, 혹은 두 자녀가 고작이다 보니 부모가 아이를 애지중지 싸서 키우는 경우가 많다. 그 바람에 생겨난 바람직 하지 못한 현상이 바로 버릇없는 아이가 많아졌다는 사실이다.

어른들에게 반말을 쓰는 것은 예사이고 이웃 어른을 길에서 만나도 인사는커녕 아는 척도 하지 않는 경우가 다반사이다. 친구들끼리 다투어도 서로 제가 잘났다고 하고 양보하지 않는 것은 물론 화해할 줄도 모른다.

좋은 생활습관은 어린이가 사회생활을 해 나가는데 도움이 된다. 어린이는 성장해 가면서 차츰 신체적으로는 물론, 심리적으로도 부모로부터 독립해 나가기 시작하며 자기의 행동을 스스로 관리해 나갈 수 있는 능력을 습득하게 된다. 이러한 능력은 어린이가 부모나 형제, 그리고 나아가서는 또래나 교사들과 대인관계를 원만하게 이루는데 매우 중요한 요소가 된다.

특히 예절을 지키는 습관은 유아기인 3-4세부터 몸에 배도록 하는 것이 중요하다. 사실 과거의 대 가족제도 아래서는 할머니, 할아버지를 비롯해 부모, 삼촌, 고모 등이 한 울타리 안에서 생활하였거나 가까운 동네의 거리에서 살고 있었기 때문에 서로 만날 수 있는 기회가 많았다. 자연히 집안의 웃어른들을 공경하고 예절을 갖추는 일은 일상 생활의 한 부분이었다.

그러나 오늘날에는 핵가족으로 인해 가족의 수가 줄어들었고, 이에 따라 집안의 웃 어른들과의 왕래도 감소되었다. 뿐만 아니라, 한 가정에서 하나 또는 둘 정도의 적은 수의 자녀만을 두다보니 생활 속에서 예절을 배울 수 있는 기회도 드물게 되었고 심지어는 아이를 응석받이로 키우게 되는 경우마저도 있게 되었다.

그러다 보니 아이가 나이가 들면서도 부모에게 반말조로 이야기를 한다든가 선생님이나 이웃의 어른들에게 버릇이 없는 행동을 무분별하게 보여주므로 부모를 당황하게 만들기도 한다. 그러나 어느 정도 아이가 커버린 후에 예절교육을 다시하려고 부모가 마음 먹었을 때는 이미 여러 가지 습관이 굳어버려서 고치기가 쉽지 않다. 오히려 심하면 부모 자식간의 갈등만 일으키기 쉽다. 따라서 예절 교육은 매일 매일 생활 속에서 적절한 시기에 몸에 배도록 하는 것이 중요하다. 그러면 예절 교육을 어떻게 시켜야 할까?

우선 어른에 대한 예절 교육을 살펴보자. 어른에게는 당연히 존대말을 쓰도록 해야 한다. 또 어른들이 얘기하고 있을 때에는 하고 싶은 말이 있어도

가로채지 말고 기다렸다가 어른이 말씀이 끝난 다음 하도록 한다. "죄송합니다", "고맙습니다"와 같은 말을 적절히 사용하는 것을 습관화, 생활화시키는 것이 중요하다. 그리고 외출을 하거나 외출에서 돌아왔을 때는 "다녀오겠습니다", "다녀왔습니다" 하고 반드시 어른에게 말씀드리도록 한다. 물론 외출에서 돌아오신 어른들에게 "안녕히 다녀오셨습니까?" 하고 인사를 하도록 지도한다. 이밖에 어른들에게 물건을 드리거나 받을 때는 두 손으로 공손히 받는 연습을 시키고 어른의 물건을 함부로 만지거나 쓰지 않도록 늘 가르친다.

두 자녀 이상일 경우, 그리고 사촌간에 만났을 때 형제간에 지켜야 할 예절을 주지시키는 것이 중요하다. 나이 차이가 크지 않은 형제자매간 이라도 예절을 서로 지켰을 때 우의가 더욱 돈독해 질 수 있기 때문이다.

그러기 위해서는 서로 고운말을 쓰도록 한다. 또 형제 자매끼리 서로 도움을 받았을 때, 잘못한 일이 생겼을 때, 실수를 했을 때, 적절한 말로 고마움이나 미안함을 표시하게끔 해야 한다. 자기 물건이 아닌 것은 허락 받은 후에 만지거나 사용하도록 가르친다. 이러한 예절은 친구사이에도 마찬가지로 필요한 것이 될 수 있다.

이러한 예절 교육을 할 때는 다음에 몇 가지 사항을 부모가 염두해 두는 것이 좋다.

첫째로 가장 중요한 것이 부모가 너무 일방적으로 강요하기보다는 자연스럽게 생활 속에서 예절 교육이 이루어질 수 있는 분위기를 만들어줘야 한다는 것이다.

둘째로 어린이의 발달 수준에 알맞게 예절을 지켜야 할 대상과 기본 예절의 방법을 가르친다. 예절의 바탕은 절하기와 인사하기에서 출발한다. 서로 만나서 절하며 인사하는 것은 서로 함께 공경하고 신뢰한다는 상징적인 표현으로 예로부터 알려져 왔다. 그러므로 어릴 때부터 먼저 부모나 친척 등 가까운 집안 어른께 절하고 인사하는 데에서 부터 예절 교육을 시작해야 한다. 그 다음에 형제, 자매, 선생님, 친구 손님 등 대상에 따라 인사하는 방법을 몸에 익히도록 한다.

셋째, 부모와 집안 어른께 존댓말을 쓰는 언어습관을 길러주기 위해서는 가정에서 부모가 먼저 본받을 만한 언어행동을 보여주고 들려주는 것이 매우 중요하다. 아울러 도움을 받았을 때 고마움을 말로 표현하는 방법에 대해 어린이와 함께 이야기 해보고 "고맙습니다", "감사합니다" 라는 말을 수시로 쓰도록 습관화 시킨다. 실수를 했을 때는 "미안합니다", "죄송합니다" 라는 말로 자기의 작은 실수를 인정하고 용서를 구하는 예절을 생활화 시켜야 한다.

넷째, 예절 교육을 할 때는 특히 밝은 표정, 미소 띤 얼굴 등 다양한 상황에 알맞은 태도와 행동을 함께 보여주어 어린이가 즐거운 마음으로 예절을 몸에 익히도록 한다.

마지막으로 일상생활에서 기본예절을 자연스럽게 반복 연습해 자기의 것으로 만들도록 하는 것이 바람직하다. 부모가 너무 강요성을 띄거나 억지로 강요하는 것은 효과를 보기가 힘들다. 또 예절을 익히는 과정에서 잘 지켜지지 않는다고 하여 자녀의 행동을 비난하거나 꾸짖는 태도는 오히려 반항심을 불러 일으킬 수 있으므로 주의한다.

어른이라 하더라도 한 가정의 가장(家長)인 어른과 아랫사람에 대한 상대적인 어른이 있다. 상대적인 어른도 세대차이에 의한 웃대 어른과 같은 세대간의 나이의 어른이 있다.

어떤 경우의 어른이든 어른으로서의 도리는 사랑이 그 첫번째 요건이다. 아랫사람에게 사랑을 베풀되 각자의 위치에 따라 사랑하는 방법이 달라진다. 특히 가장으로서의 어른은 한 가정을 관리하는 무거운 책무가 있기 때문에 무조건적인 사랑만으로는 가정관리가 되지 않으므로 세밀한 관리자로서의 예절이 있어야 한다.

(1) 가장인 어른의 도리

- 가장은 가정의 중심이며 구심점이다. 가장의 말과 행동이 그 가정의 의사이며 행위로 간주된다.
- 대외적으로 그 가정을 대표하며 가족을 지휘 통솔하는 책임이 있다. 따라서 가장은 그 가정의 모든 것을 책임져야 한다.
- 모든 가족의 위계와 능력에 따라 가정업무를 분담시키고 차질 없이 수행하도록 감독하고 독려한다.
- 가족들의 일상생활 전반에 대해 알아야 하고 잘 되도록 지도한다.
- 가족들의 잘잘못을 가려 칭찬하고 훈계하는 책임을 진다.
- 가족들의 수입을 관리하며 지출을 조절하여 살림을 총괄한다.
- 가정의 관리자로서 조상의 유덕과 전통을 수호 계승할 책임이 있다.
- 가족들에게 긍지와 자랑 및 보람을 갖게 하므로 가정의 영원함을 언행으로 실천한다.
- 가정생활의 규범을 세우고 솔선수범한다.

(2) 웃대 어른의 도리

- 자녀에게는 부모이며 조카에게는 백숙모이다. 웃대 어른의 위치는 부모이상의 서열로서 절대적인 사랑의 실천자이다.

- 아랫사람에 비해 조상에 한 세대 가깝기 때문에 마땅히 조상을 존경하고 전통을 이어 아랫대에 전해야 한다.
- 아랫대를 창조한 위치이기 때문에 모든 일에 있어서 언행으로 모범을 보여야 한다.
- 자기의 어른을 공경과 효도로 섬겨 아랫대 사람이 자기를 그렇게 섬기도록 해야 한다.
- 아랫대의 마음을 헤아려 사랑으로 인도하고 친함과 의로움으로 아랫대를 포용한다.

(3) 자녀에 대한 예절 교육

자녀는 부부와 가정의 미래이다. 인간은 자손을 통해 영생하며 자녀가 있기 때문에 가정은 영원한 것이다.

자녀를 훌륭한 인간으로서, 원만한 사회인으로서 인성을 지니게 하는 일은 예절 지도에 달려 있다. 예절 지도의 요령은 다음과 같다.

① 들려주는 교육
- 부모가 바른 호칭을 쓰면 아이들도 바른 호칭을 배워 사용하게 된다.
- 어른이 바르고 고운 말씨로 말하면 아이들도 바르고 고운 말씨를 쓴다.
- 어른이 사람다움과 사람노릇을 화제로 삼으면 아이들도 그렇게 한다.
- 어른이 사랑하고, 용서하고, 칭찬하는 말을 하면 아이들도 사랑과 용서, 칭찬을 배운다.
- 어른이 효도, 충성, 가정, 국가, 민족을 앞세우면 아이들도 따라서한다.
- 어른의 진중하고 책임 있는 말은 아이들도 무게 있고 경우에 맞는 사

람으로 키운다.

- 흉직하고 무서운 이야기는 아이들을 난폭하게 하고 인자하고 화애하는 이야기는 아이들을 자애롭게 한다.

② 보여주는 예절 교육

- 아이들 앞에서 온화한 표정을 지으면 아이들도 온화하게 길든다.
- 단정한 옷차림을 해 보이면 아이들도 흉내 내어 단정해 진다.
- 어른 앞에서 공손하게 하면 아이들도 본받아 공손하게 한다.
- 모든 행동을 바르게 하면 아이들도 따라서 바르게 한다.
- 어른이 무단 외박을 안하면 아이들도 무단 가출을 안한다.
- 비록 부부간이라도 언행을 예스럽고 엄정하게 하면 아이들도 이성 관계가 건전해진다.
- 어른에게 효도하고 선생님을 존경하면 아이들도 부모에게 효도하고 선생님을 믿고 따른다.
- 어른이 책무에 충실하고 정의감에 투철하면 아이들도 공부에 열심하고 시비를 분명히 한다.
- 어른의 생활이 근검 절약하고 환락과 요행을 멀리하면 아이들도 그대로 따라 착실하고 정직하게 살게 된다.

③ 함께 하는 예절 교육

- 어른에게 문안을 여쭐 때는 아이들을 데리고 함께 한다.
- 손님이 오실 때나 자기들이 나들이 할 때는 반드시 아이들이 예를 하게 한다.
- 집안의 의식 행사에 아이들을 참석시킨다.

- 평소에도 어른이 예를 행할 때는 아이들을 참석시켜 함께 행한다.
- 남의 집을 방문할 때도 아이들과 동행해 방문 예절을 배우게 한다.
- 모든 예의 생활을 체험을 통해 익히도록 함께 행한다.

④ 일가 친척의 예절

- 웃세대의 어른이든 나이로 어른이든 웃 어른에게는 반드시 절하고 높임말을 써야 한다. 비록 나이는 같고 생일이 먼저인 형이나 누나에게도 절하고 존댓말을 쓴다.
- 바른 호칭과 말을 써야 일가 친척간의 우애가 돈독해진다.
- 나이가 자기보다 적은 웃세대의 경우라도 반드시 웃세대 어른에게 존대한다. 자기보다 나이가 적더라도 부모의 세대이면 '아저씨', '아주머니'라고 부르고 '하세요', '해요'의 존댓말을 쓴다.
- 아랫 세대라도 자기보다 나이가 많으면 나이 대접을 해서 함부로 말하지 않는다.
- 나이가 10년 이상 많은 조카에게는 '조카님'이라 부르고 '하세요'를 쓴다.
- 8촌이 넘는 할아버지 벌은 '대모'라고 부르고 존대한다.
- 8촌이 넘는 일가간에는 상대가 미성년이 아니면 절하므로 답배한다. 그리고 비록 아랫 사람이라도 '해라'를 안 쓰고 '하게', '해'를 쓴다.
- 8촌 이내의 혈족간에는 '당내(堂內)간'이라고 해서 엄격한 위계 질서를 지키고, 8촌이 넘는 종파는 '동파지간'이라고 하며, 촌수를 따지기가 어려운 사이는 '일가(一家)', '종친(宗親)'이라고 한다.
- 혼인으로 인하여 친척관계가 생긴 관계는 인척(姻戚)이라고 하고 혈족과의 관계로 그 배우자를 대접한다.
- 친척(親戚)이란 혈족인 친족과 인척인 척족(戚族)을 총칭한 것이다.

친척간의 호칭과 말씨는 친척관계가 성립됨과 동시에 예의에 맞게 사용해야 한다.

4. 자녀로서의 예절 - 어른을 모시는 예절

- 예절의 근본은 효도 - 孝는 百行의 根本 -

"네 부모를 공경하라 그리하면 너의 하나님 나 여호와가 네게 준 땅에서 네 생명이 길리라"
(출 20:12)

신구약성경말씀 안에서 '경외(敬畏)' 라는 단어가 모두 169회 사용되고 있다. 그 안에서 "하나님을 경외(敬畏)하라."라는 말씀으로 157회 직접적으로 사용하셨다. 그리고 하나님을 경외(敬畏) 하지 아니하는 행위를 지적하시면서, 10회로 그러한 행위에 대하여 엄격한 경고와 책망들을 하셨다. 그리고 아내에게 1회 (엡 5:33)로 그의 "남편을 경외(敬畏)하라."고 하셨으며, 또 자녀들에게 1회로(레 19:3) "부모들을 경외(敬畏)하라."고 하셨다. 이 경외(敬畏)는 공경(恭敬)이라는 말보다도 더욱 강조되는 말이다.

경외 〔희랍어;포베오: 공경 · 존경 · 경외 · 무서움 · 두려움. (영어:reverence and fear:공포의식에서 근심하는 태도로써 높이 받들어 존경함)

공경 〔희랍어;티마오: 존경하다, 공경하다, 값을 정하다. (영어:respect:존경하다, 소중히 여기다.)

1) 가정질서의 근본

부모는 자식을 사랑하고 자식은 부모에게 효도하며 형은 아우와 우애있게 지내며 아우는 형에게 공손히 대한다

2) 효(孝)란?

자식이 부모를 섬기는 것을 말한다. 효는 부모와 자식간에 형성된 원초적인 관계로 부터 시작되는 것이며 그 관계를 원만하고 올바르게 지키고 보존하는 질서이다

3) 부모에게 효도하는 이유

① 부모가 나를 낳아주신 은혜
② 부모가 나를 길러주신 은혜

4) 효의 내용

① 국가에 봉사 - 충(忠)
② 어른을 섬기는 윤리 - 순(順)
③ 집안에서의 베품 - 화(和)
④ 지역 사회에서의 행함 - 신(信)
⑤ 아랫 사람에게 미침 - 자(慈)
⑥ 국민을 다스림 - 애(愛)

5) 올바른 효도를 위한 실천원칙

① 몸을 소중히 간수한다
* 孝道의 첫 출발은 부모에게 받은 몸을 깨끗이 하고 온전하게 보호하는 것
* 부모님을 물질적으로 잘모시는 奉養
* 부모님의 뜻을 헤아리고 실천하는 養志
* 부모 앞에서 정 을 부드럽게 가지는 恭待
* 부모를 욕되게 하지 않고 큰 일을 많이 하여 이름을 떨쳐 부모를 기쁘게 하는 揚名榮親

※ 이 중에서 가장 중요한 것은 부모님의 마음을 편안하게 해 드리는 것과 안심으로 부모의 뜻을 받드는 일

② 마음을 바르게 가진다.
③ 명예로운 사회의 구성원이 된다.

6) 효도를 실천하기 위한 조목

이같이 너희 빛을 사람 앞에 비취게 하여 저희로 너희 착한 행실을 보고 하늘에 계신 너희 아버지께 영광을 돌리게 하라" (마 5:16)

가정 생활에서의 예절이라면 어른을 모시는 도리가 가장 중요한 부분이다. "예는 공경이다", "예를 행한다면서 공경하지 않으면 예가 아니다"고 여

기서 말하는 공경은 아랫사람이 웃어른을 모시는 자세를 말하는 것이다.

어른을 모시는 예절은 가정에서뿐만 아니라 직장 생활이나 사회 생활에서도 절대적인 비중이니 만큼 가정에서 웃어른을 모시는 예절이 바로 되어야 기타의 사회 생활에서도 예스럽게 되어질 것이다.

여기에서 말하는 어른이란 웃세대의 어른과 나이가 위인 같은 세대의 어른은 물론이고, 가장으로서의 어른이나 일반 어른도 모두 포함된다. 어떤 관계이든 자기보다 위계가 위이면 모두가 어른이며, 그 어른을 어떻게 모셔야 하는 지를 차례대로 말하려 한다.

(1) 어른을 모시는 마음가짐

"늙은이를 꾸짖지 말고 권하되 아비에게 하듯 하며 젊은이를 형제에게 하듯 하고 늙은 여자를 어미에게 하듯 하며 젊은 여자를 일절 깨끗함으로 자매에게 하듯 하라" (딤전 5:1~2)

① 항상 공경하는 마음을 갖는다. 공경하는 마음으로 속을 채워야 표정이 공경스럽고 말과 행동도 공경스러워 진다.

② 어른과의 관계를 '함께' 라고 생각하지 말고 '모신다' 라고 생각한다. 함께는 대등한 위치이고 모심은 어른을 받든다는 것이므로 매우 중요하다.

③ 어른의 몸도 위해야 하지만 마음을 편안하게 해 드린다. 몸을 살찌우는 일은 짐승에게도 할 수 있지만, 마음을 편안하게 하는 일은 사람에게만 할 수 있다. 항차 어른을 모시는데는 마음이 최우선이다.

④ 어른을 고맙게 생각한다. 어른이 안 계시면 내가 존재하지 못했을 것이다. 자기의 삶이 즐겁고 보람있으며 소망이 있는 것이 모두 존재하기 때문이며, 그 존재는 어른이 주신 것이다.

⑤ 어른에게는 모든 것을 해 드려야 겠다고 생각한다. 그것은 어른이 나를 주셨으면 내가 가진 모든 것이 어른이 주신 것인데, 나의 것이 어디에 있겠는가? 나의 몸과 마음과 재물과 모든 것이 어른의 것인데 무엇이 아까운가.

⑥ 어른을 미워하거나 원망하지 않는다. 만일 어른이 잘못 생각하시거나 잘못을 하시더라도 그것은 내가 잘못 모신 것 때문이라고 생각한다.

⑦ 어른의 것을 탐내지 않는다. 어른께서 나에게 베풀지 않은 것은 그것이 아까워서가 아니라 아직 주실 때가 되지 않아서이다. 나의 생명과 몸을 주셨는데 무엇을 아끼시겠는가?

⑧ 어른에게 즐거움을 드려야 한다. 어른께서는 모든 것을 나에게 주셨고 기대하고 계시다. 어른의 희비애락이 모두 내가 할 나름이다. 어찌 즐거움을 드리지 않을 수 있는가?

⑨ 모든 영광과 보람을 어른에게 받들어 올린다. 내가 갖고 이룩한 것들이 나의 것이기 이전에 어른의 것이라고 생각해야 한다. 어른이 계시기에 내가 있고, 내가 있기에 그것들이 있기 때문이다

(2) 어른을 모시는 몸가짐과 몸차림

① 어른에게는 온화하고 밝은 표정을 지어서 보여드린다. 표정이 온화하고 밝음은 마음가짐이 평온하고 명랑하여 즐겁다는 표현이다.

② 눈길을 공손히 하고 단정하게 한다. 항상 우러러 뵈옵고 공경하는 시선으로 어른을 모셔야 어른이 안심하신다. 표독하거나 불안한 눈초리는 어른을 걱정스럽게 한다.

③ 몸을 곧게 하고 바르게 향하며 손과 발을 무겁고 공손하게 한다. 서고 앉고 걷는 자세 등이 두려운 듯 공손해야 그것이 어른을 공경하는 몸

가짐이 된다.

④ 어른에게 뒷 모습을 보이지 않는다. 앞을 보이면 가까이 있는 것이고 뒤를 보이면 멀리 도망치는 것이다. 앞을 보이면 어른을 받아들여 모시는 것이고, 뒤를 보이면 어른을 거역하는 것이다.

⑤ 화장이나 이·미용은 어른의 비위에 맞게 한다. 어른은 나를 당신보다 더 아끼시고 나를 통해 당신을 표현하시려고 한다. 어른을 역겹게 하는 이·미용이나 화장은 바로 어른 자신을 그렇게 하는 것이나 다름이 없다.

⑥ 복장을 단정하고 정결하게 입는다. 어른을 모시면서 더러운 의복을 입거나 매무시가 흐트러지면 어른께서 걱정하신다. 공경하는 마음이 표정, 몸가짐, 몸차림으로 이어지고 바른 몸차림이 바르고 공경스러운 행동을 돋보이게 한다.

⑦ 어른에게 물건을 드릴 때는 받으시는 어른에게 편리하고 정결하고 안전하게 드린다. 읽는 것은 읽기 쉽게, 음식은 깨끗하게, 손잡이가 있는 것은 손잡이를 잡기 좋게 드린다.

⑧ 어른을 모실 때는 수선스럽거나 경망하지 않도록 침착하고, 어른의 주변이나 거처는 정결하게 정돈해 드린다.

⑨ 어른의 몸을 자신의 몸과 같이 깨끗하게 해 드리고 의복은 추울 때는 따뜻하게 더울 때는 시원하게 해 드린다. 거처도 이와 같이 해서 자신의 몸차림에 마음쓰듯이 어른의 몸차림이나 거처에도 온정을 쓴다.

(3) 어른을 모시는 대화예절

"백발은 영화의 멸류관이라 의로운 길에서 얻으리라" (잠 16:31)

① 어른에게 말씀드릴 때는 극히 존대하는 높임말씨로 한다. 어휘의 선택에 조심해서 높임말을 가려 쓴다.

② 어른에 대한 호칭을 깍듯하고 정확하게 한다. 부모에게 '님'을 붙이거나 형이나 누님에게 무례한 애칭 등을 사용해서는 안된다.

③ 말소리는 조용하고 공손하며 듣기 쉬운 말로 재미있게 말씀드린다. 시끄럽게 떠들거나 불손한 언사를 쓰거나 어려운 외래어나 전문용어를 써서 듣기에 부담을 드리지 말고 나와의 대화를 즐겁게 여기시도록 한다.

④ 어른을 모시고 말씀을 드릴 시간을 많이 가져야 하고, 무엇이든 궁금히 여기시지 않도록 자상하게 미리 여쭙는다. 어른이 가장 아쉬워하는 것이 아랫사람과의 대화라고 생각해야 한다.

⑤ 어른의 말씀은 진지하고 정성스럽게 경청한다. 설사 장황하고 쓸모없는 말씀이라도 어른은 필요해서 하시는 말씀이며, 그곳에 연륜이 깃든 철학과 슬기가 있다.

⑥ 어른의 말씀이 잘못되었더라도 가로막거나 반박하거나 부정하지 말고 끝까지 다 듣고 공손한 자세와 말투로 자기의 의견을 여쭙는다.

⑦ 어른이 하시는 말씀이 나에게 이로우면 사양하다가 마지못해 받고, 내가 수고를 해야하거나 해로운 말씀이면 즉시 행한다. 만일 당장 할 수 없는 말씀이면 마음에 새기거나 메모했다가 실수없이 행하고 그 결과를 신속하게 여쭙는다.

⑧ 어른이 상심하실 말씀은 피하고 굳이 말씀드려야 할 일이라도 놀라시지 않게 말씀드린다. 반면에 어른이 반가워하실 말씀은 지체하지 말고 즉각 말씀드린다.

⑨ 어른을 모시는 자리에서는 화를 내거나 남을 원망하고 미워하거나 비

록 아랫사람이라도 꾸중하는 말을 하지 않는다. 그것들이 모두 어른께
서 걱정하실 일이 되기 때문이다.

(4) 어른 앞에서의 기거(起居)와 절

① 어른의 인기척이 나면 일어나서 문을 열고 맞이한다. 어른께서 들어오
  시려고 인기척을 내시는데도 모르는체 하는 것은 어른을 귀찮게 여기
  는 것이 된다.

② 어른이 들어오시면 상좌를 정돈해 모시고 한쪽으로 비껴 공손히 공수
  하고 서서 모신다. 어른께서 앉으라고 명하시기 전에 앉지 않는다.

③ 어른이 앉으라 하시면 공손한 자세로 무릎을 꿇고 앉아 편히 앉으라고
  명하시면 편히 앉되 어른보다 더 편한 자세로 앉지 않는다. 어른 앞에
  서 눕거나 발을 포개거나 꼬고 앉지 않는다.

④ 어른께서 일어나실 기미가 보이면 먼저 일어나서 어른을 부축하거나
  공손히 서서 기다리고, 어른이 나가시려 하시면 문을 열고 한쪽으로
  비껴서고, 어른께서 보이지 않게 멀리 가신 뒤에 문을 닫는다.

⑤ 어른 앞에 서거나 앉을 때는 정면을 가로막지 말고 남자와 웃사람은
  어른의 좌측에 비끼고 여자나 아랫사람은 우측으로 비낀 자리에 위치
  한다.

⑥ 어른에게 절할 때는 어른에 따라 큰절과 평절을 가려서 한다.

⑦ 어른과의 악수는 어른이 먼저 청할 때에만 응한다.

(5) 일상생활 예절

① 부모님의 연세, 고향, 일가친척, 건강상태, 좋아하시는 것 등에 대해
  자세히 알고 있어야 한다.

② 잠자리에 들거나 일어난 뒤에는 반드시 "안녕히 주무세요", "밤새 편히 주무셨습니까?" 등의 인사를 드린다.(취침인사, 문안인사)

③ 외출할 때는 반드시 행선지와 귀가예정 시간을 말씀드리고 돌아와서는 인사를 드린다.

④ 외출시 예정보다 귀가가 늦어질 경우에는 반드시 부모님께 연락을 드린다.

⑤ 부모님께서 출입하실 때에는 반드시 일어나서 문밖까지 나가 배웅하고 맞이한다.

⑥ 식사를 할 때에는 부모님보다 먼저 시작하지 않으며, 부모님께서 식사를 마칠 때까지 자리를 뜨지 않는다.

⑦ 중요한 일은 항상 부모님과 의논하여 결정하도록 하며, 늘 함께 대화하는 생활습관을 기른다.

⑧ 부모님 앞에서는 항상 얼굴빛을 온화하게 하며, 결코 형제간에 다투는 일이 없도록 한다.

⑨ 늘 부모님 곁에 있도록 노력하며, 떠나있게 될 경우에도 자주 소식을 전하고 찾아 뵙도록 한다.

⑩ 작더라도 부모님께 늘 감사의 마음을 표시하도록 노력하며, 부모님의 일을 거들어 드린다.

⑪ 부모님의 의견을 존중하고 따르되, 의견이 서로 다를 때에는 부드럽고 간곡하게 자신의 의견을 말씀드리도록 한다.

⑫ 부모님께서 부르시면 즉시 큰 소리로 대답하면서 달려가 뵙도록 한다.

⑬ 집에서 항상 가까이 곁에서 모시고 걱정하지 않게 해드림

⑭ 안색을 공손, 온화하게, 몸놀림을 조심해 삼가고, 말은 조용하고 부드럽게 한다.

⑮ 어른께서 부르시면 대답과 동시에 달려가서 뵙고 물러나라 하기 전에
는 물러나지 않는다. 어른보다 편한 자세를 취하지 않으며 어른보다
높은 곳에 있지 말고 어른에게 뒷모습을 보이지 않는다.

(6) 문안 여쭙는 예절
• 혼정신성(昏定晨省) – 조석문안(朝夕問安)
• 저녁에 잠자리를 펴 드리고 아침에 안녕히 주무셨는지 살피며 절하고
뵙는 것– 반드시 실천해야 함

(7) 어른께서 편찮으실 때 예절
① 약이나 치료외에 자손들이 걱정하며 정성을 다해 보살피는 것이 중요
② 항상 어른의 생활 상황을 살펴 조금이라도 이상이 있으면 어디가 편찮
으시냐고 여쭙는다.
③ 약을 때에 맞추어 시중들어 잡수시게 하고 병원에 모시고 가거나 의사
를 초청해 서둘러 조처한다.
④ 혼자 계시지 않도록 밤낮으로 옆에서 모시고 정결, 정숙하게 한다.
⑤ 어른께서 보고 싶어하시는 사람에게 연락해 와서 뵙도록 하고 궁금하
신 일이 없도록 자상하게 여쭙는다.
⑥ 부모님께서 편찮으시면 혼자 계시지 않도록 늘 옆에서 모시고 정성껏
간호하도록 한다

(8) 어른의 의식주(衣食住)
① 의복은 항상 정결하고 단정하게 계절에 맞춰 입으시도록 한다.
② 자손이 새 옷을 할 때는 반드시 어른의 옷을 먼저 한다.

③ 음식의 종류, 간맞춤, 차고 더운 것까지 어른의 식성에 맞게 한다.

④ 새로운 음식은 먼저 어른이 잡수시게 하고 아랫사람이 먹는다.

⑤ 어른과 함께 식사 시에는 어른을 상좌를 모시고 어른이 수저를 드신 뒤에 아랫사람이 먹는다. 어른이 다 잡수신 다음 아랫사람이 일어난다.

⑥ 어른의 거실은 조용하고 자손들이 살피기 쉬워야 함

⑦ 채광, 환기, 난방이 적절해야 하고 화장실, 욕실이 가까워야 함

⑧ 어른의 방은 항상 깨끗하고 정돈해서 불편함이 없게 해야 함

(9) 출입할 때의 예절

① 아랫사람이 나갈 때는 반드시 말씀 여쭈어 승낙받고 돌아와서는 즉시 뵙고 밖에서 있었던 일을 여쭙는다.

② 학교 등하교, 직장 출퇴근, 잠깐의 이웃 나들이는 일상생활이므로 공손히 공수하고 서서 경례해 뵈옵고, 늦게 돌아올 나들이에는 나갈 때와 돌아와서 반드시 절하고 뵙는다.

③ 출입할 때는 반드시 일어나서 문 밖에까지 나가 배웅하고 맞이한다.

④ 어른께서 먼 곳에 가셨을 때는 반드시 행선지에 연락하여 확인한다.

⑤ 행사 참석이나 의례적 방문으로 나가실 때 필요한 금품을 미리 챙겨 드린다.

⑥ 어른의 출입에는 여비, 교통편 등에 불편 없으시도록 준비 확인한다.

⑦ 어른의 출입에 인도할 때 어른이 허둥대거나 기다리는 일이 없도록 곁에서 모신다.

(10) 살림살이와 어른의 용돈

① 가족들의 수입과 지출은 되도록 가장(家長)인 어른께서 관리하시게 한
　다.

② 아랫사람이 관리해도 통상 외의 지출은 어른에게 여쭈어서 한다.

③ 어른이 쓰실 용돈은 부족함이 없도록 항상 준비할 것이며 비상금은 떨
　어지지 않게 한다.

④ 어른께서 따로 수입이 있으시더라도 자손은 어른의 용돈을 드려야하고
　아들 딸 보다는 며느리나 사위가 드리는 것이 아름답다.

5. 형제간의 예절

* 형과 누님은 동생들과 우애함을 그 첫째의 도리로 삼는다.
* 형과 누님은 부모에게 효도하고 조상을 섬김에 있어서 동생들에게 모
  범을 보인다.
* 형과 누님은 동생들에게 베풀기만 하고 되돌려 받으려고 하지 않는다.
* 형제자매는 살과 뼈를 나누어 가진 일체라는 점을 깊이 간직해 추호도
  남이라고 생각하지 않는다.
* 동생들이 싫어하는 일은 시키지 않고 동생들이 좋아하는 일은 나누어
  갖는다.
* 동생의 어려움을 도와주고 자랑을 빼앗지 않는다.
* 부모님이 형제자매들의 일로 걱정하지 않도록 극진히 우애하며 보살핀다.
* 동기간의 일을 자기 자신의 일로 생각해 미루거나 기피하지 않는다.

6. 촌수 알아보기

1) 촌수관계

친척간의 멀고 가까운 관계를 촌수라 한다.직계 가족의 촌수는 대수(代數)로 따진다.

2) 촌수

부모 : 1촌
조부모 : 2촌
증조부모 : 3촌
고조부모 : 4촌
백숙부모 : 3촌
고모 : 3촌
아들, 딸 : 1촌
손자, 손녀 : 2촌
외손자, 외손녀 : 2촌
증손자, 증손녀 : 3촌
현손자, 현손녀 : 4촌
형제, 자매 : 2촌
조카 : 3촌
생질 : 3촌
종손자, 종손녀 : 4촌

종증손자, 종증손녀 : 5촌

* 4촌, 5촌 : 종(從)
* 6촌, 7촌 : 재종 (再從)
* 8촌, 9촌 : 삼종(三從)

(1) 촌수 따지는 법
① 직계가족과의 촌수 : 자기와 대상까지의 대수(代數)
※ 아버지와 아들1대→1촌, 할아버지와 손자 2대→2촌
② 방계가족과의 촌수
 자기와 대상이 어떤 조상에게서 갈라졌는지 먼저 알고 자기와 그 조상의
대수를 합하면 촌수가 된다.

※ 형제자매 : 아버지께서 갈라졌는데 아버지와 자기는 1대이고 아버지
　　　　　　와 형제자매는 1대니까 합해서 2촌
백숙부와 자기 : 할아버지에게서 갈라졌는데 할아버지와 백숙부는 1대
　　　　　　할아버지와 자기는 2대니까 합해서 3촌

(2) 근친 촌수와 계보
계보 : 도표로 굵은 선 직계, 가는 선 방계로 ○안의 촌수를 숫자로
① 친가(親家)
② 외가(外家)
③ 처가(妻家)

3) 친척관계

① 부자간(父子間) : 아버지와 아들

② 부녀간(父女間) : 아버지와 딸

③ 모자간(母子間) : 어머니와 아들

④ 모녀간(母女間) : 어머니와 딸

⑤ 구부간(舅父間) : 시아버지와 며느리

⑥ 고부간(姑夫間) : 시어머니와 며느리

⑦ 옹서간(翁　間) : 장인, 장모와 사위

⑧ 조손간(祖孫間) : 조부모와 손자,녀

⑨ 형제간(兄弟間) : 남자 동기끼리

⑩ 자매간(姉妹間) : 여자 동기끼리

⑪ 남매간(男妹間) :

　㉮ 남자동기와 여자동기

　㉯ 시누이와 올케

　㉰ 처남과 매부

⑫ 수숙간(嫂叔間) : 남편의 형제와 형제의 아내

⑬ 동서간(同棲間) : 형제의 아내끼리

⑭ 동서간(同　間) : 자매의 남편끼리

⑮ 숙질간(叔姪間) : 아버지의 형제자매와 형제자매의 자녀

⑯ 종(從)형제, 자매, 남매간 : 6촌끼리

　당,종숙질간 : 아버지의 종형제자매와 종형제자매의 자녀

　재종형제, 자매, 남매간 : 6촌끼리

　재종, 당숙질간 : 아버지의 6촌 형제자매의 자녀

삼촌형제, 자매, 남매간 : 8촌끼리

4) 외가

① 구생간(舅甥間) : 외숙과 생질
② 내외종간(內外從間) : 외숙의 자녀와 고모의 자녀
③ 이숙질간(姨叔姪間) : 이모와 이질
④ 이종간(姨從間) : 자매의 자녀끼리
⑤ 고숙질간(姑叔姪間) : 고모와 친정조카
⑥ 외종(外從) : 외숙의 자녀
⑦ 고,내종(姑內從) : 고모의 자녀
⑧ 이종(姨從) : 이모의 자녀
⑨ 처질(妻姪) : 아내의 친정조카
⑩ 생질(甥姪) : 남자와 자매의 자녀를
⑪ 이질(姨姪) : 여자와 자매의 자녀를
⑫ 처이질(妻姨姪) : 아내의 이질

7. 호칭의 바른 사용

1) 가족의 범위

• 좁은 의미의 가족 – 법률적으로 한 호적에 실려있고 실제적으로 한 솥

에 밥을 먹는 구성원
- 넓은 의미 – 한 핏줄이고 한 살붙이인 모든 친척

(1) 호적법상의 가족

- 큰아들 큰 손자로 이어지는 혼인한 직계와 그에 딸린 혼인하지 않은 방계 혈족

(2) 근친, 당내간 유복지친

- 근친 – 고조 할아버지 이하의 조상을 직계할아버지로 하는 8촌 이내의 모든 사람
- 근친(近親) – 한집에서 산다하여 당내간(堂內間)이라고도 함
- 유복지친(有服之親) – 죽으면 상복을 입는다

(3) 친족, 핏줄, 혈족(血族) 동성동본

- 핏줄 또는 혈족 – 남자 조상이 같은 집안 – 동성동본의 일가라고 함
- 직계 존속 여자 – 어머니, 할머니, 증조 할머니
- 직계 비속 – 남자의 아내, 즉 며느리, 손부 – 핏줄은 아니지만 – 혈족으로 간주

---

* 혈족
① 직계 : 자기 직결로 이어지면 (아버지, 아들, 손자)
② 방계 : 자기를 뻗어 이어지면 방계혈족 (형제자매, 백숙부 조카)

(4) 척족, (戚族) 살붙이(內親)

① 외척(外戚) : 직계 여자 조상(할머니, 어머니)의 친족

② 내척(內戚) : 직계존속 남자의 자매(고모, 대고모)나 자기의 자매(누
   이) 또는 딸이나 손녀가 시집가서 그 배우자와 낳은 자손
   (넓게는 혈족인 여자가 시집가서 낳은 자손, 자기 집의 외손)

③ 인척(姻戚) : 혼인으로 인하여 집안 친족이 된 사람
   남자 - 아내의 친정 가족
   여자 - 남편의 직계가 아닌 친족
   법률상 인척은 시댁 친족을 말함

2) 자기

저 : 웃어른, 여러 사람에게

나 : 같은 또래, 아랫사람에게

우리 : 자기 쪽을 남에게

3) 부모

아버지 : 자기 아버지

애비, 에미 : 자녀, 손자녀에게 그 부모

어머니 : 자기 어머니

가친(家親) : 남에게 자기 아버지(한문식)

자친(慈親) : 남에게 자기 어머니(한문식)

※ 선고(先考) : 남에게 자기 돌아가신 아버지
※ 선비(先) : 남에게 자기 돌아가신 어머니

아버님 : 남편의 아버지
어머님 : 남편의 어머니
춘부장(椿府丈) : 남에게 그 아버지(한문식)
자당님(慈堂) : 남에게 그 어머니(한문식)
부친(父親) : 남에게 다른 사람 아버지
모친(母親) : 남에게 다른 사람 어머니

※ 선고장(先考丈) : 남에게 그 돌아가신 아버지(한문식)
※ 대부인(大夫人) : 남에게 그 돌아가신 어머니(한문식)

4) 아들, 딸

아드님 : 남에게 그 아들
따님 : 남에게 그 딸
아들 : 남에게 자기 아들
딸 : 남에게 자기 딸
자식 : 남에게 자기 자식
여식 : 남에게 자기 여식

5) 며느리

며느리 : 자기 며느리
며느님(자부님) : 남에게 그 며느리

6) 부부간

여보 : 부부간 호칭
당신 : 부부간 지칭
제댁 : 자기 아내 (가내, 처가)
○서방 : 친정어른께 자기 남편
집사람 : 남에게 자기 아내(안사람, 아내)
주인 : 남에게 자기 남편(바깥양반, 남편)
주인어른 : 남에게 그 남편(바깥어른, 부군)
안어른 : 남에게 그 아내(안양반, 부인, 영부인)

7) 시댁가족

아버님 : 남편의 아버지
어머님 : 남편의 어머니
아주버님 : 남편의 형
시숙 : 남에게 남편의 형
형님 : 남편의 형수, 누님

도련님 : 남편의 미혼 동생

서방님 : 장가간 시동생

시동생 : 남에게 남편동생

동서 : 시동생의 아내

작은아씨 : 미혼 손아래 시누이

○서방댁 : 기혼 시누이

시누이 : 남에게 남편자매

○서방님 : 시누이의 남편

8) 처가가족

장인어른(빙장어른) : 아내의 아버지

장모님(빙모님) : 아내의 어머니

장인 : 남에게 아내의 아버지

장모 : 남에게 아내의 어머니

빙장 : 남에게 그 아내의 아버지

빙모 : 남에게 그 아내의 어머니

처남댁 : 처남의 아내 (○○어머님)

처형 : 아내의 여형 (○○어머님)

처제 : 아내의 여동생 (○○어머님)

처남 : 아내의 남동생

9) 형제, 자매, 남매

오라버님 : 기혼 여동생이 남자형을(오라비 : 여동생이 집안 어른에게
남자형을)
오빠 : 미혼 여동생이 남자형을
누님 : 기혼 남동생이 손위 누이를
누나 : 미혼 남동생이 손위 누이를
형님 : 기혼 남동생이 형을
형 : 집안 어른에게 형을
동생 : 기혼이나 10년 이내 동생
아우 : 동생의 배우자 또는 남에게 동생을
아우님 : 남에게 그 동생을
언니 : 여동생이 여형을

(○집 : 시집간 여동생)
(○○아버지 : 손위누이가 기혼 남동생을)

10) 형제자매의 배우자

형수님 : 형의 아내
형수씨 : 남에게 자기 형수를
제수씨 : 동생의 아내
형수 : 집안 어른에게 형수를
제수 : 집안 어른에게 제수를

언니 : 시누이가 오라비의 아내를
올케 : 시누이가 남동생의 아내를
(○○댁 : 집안어른께 남동생의 아내)
자형 : 누님의 남편(매부)
매형 : 누님의 남편
○서방 : 누이동생의 남편
형부 : 여동생이 여형의 남편을
제부 : 여형이 여동생의 남편을 남에게
매부 : 남에게 자매의 남편을
매제 : 남에게 누이동생의 남편을

11) 친척

할아버지 : 자기 할아버지
할머니 : 자기 할머니
할아버님 : 남에게 그 할아버님
할머님 : 남에게 그 할머님
대부 : 자기 직계존속과 8촌이 넘는 할아버지
대모 : 자기 직계존속과 8촌이 넘는 할머니
아저씨 : 아버지와 4촌이 넘는 아버지세대의 남자어른
아주머니 : 아버지와 4촌이 넘는 아버지세대의 여자어른
큰아버지 : 아버지 형제 중 맏이
큰어머니 : 아버지 형제 중 맏이 아내
몇째 아버지 : 아버지 형제 중 중간 형제

몇째 어머니 : 아버지 형제 중 중간 형제의 아내

작은아버지 : 아버지 형제 중 막내 동생

작은어머니 : 아버지 형제 중 막내 동생의 아내

※백씨, 중씨, 사형 : 자기형을 남에게

※백씨장, 중씨장, 존현장 : 남에게 그 형을

12) 사돈

사장어른 : 웃세대 사돈 남녀

사돈어른 : 같은 세대 이성간 사돈(동성은 10년이상 연상)

사돈양반 : 아랫세대 기혼 이성인 사돈

사돈 도령(사돈 총각) : 미혼 남자인 사돈

사돈 아가씨(사돈 처녀) : 미혼 여성인 사돈

사돈 : 같은 세대 동성사돈 (10년이내 연상)

13) 기타

어르신(부모격) : 부모와 같은 어른(16년이상 연상)

선생님 : 직업이 선생이거나 나이가 많은 남녀(10년)

선배님 : 학교선배나 같은 일은 하는 연상자(5년)

부인 : 어르신네, 선생님이라고 부를 수 없는 기혼여자

선생 : 부르기가 거북한 남자

8. 혼인 예식

혼인예식에서 '약혼' 또는 '결혼'에서 예배와 예식을 구별하지 않고 행하는 경우들이 매우 많다. 그러나 이는 분명하여야 한다. 이는 돌, 생일, 회갑, 그리고 집들이, 개업, 등등에서도 그대로 적용되어야 한다. 왜냐하면 예를 들어 '생일예배' 또는 '개업예배'라고 한다면 그 예배를 받는 자가 "그 생일을 맞은 자가 그 예배를 받는 주체가 되어버리기 때문"이다. 그러기 때문에 인간들의 큰 행사인 결혼을 맞이하여 '예배'를 드림이 좋다고 생각하면, 먼저 하나님께 예배를 드리고 나서, 결혼식을 별도로 하여야 할 것이다. 그리고 '예배'는 그야말로 순수한 예배로 드려야 하기 때문에 결혼식에 들떠서, 땜질 식, 또는 복을 받으려는 목적 등을 떨쳐버리지 못한다면 오히려 예배를 생략하는 것이 좋다. 하나님께 드리는 예배는 인간들의 욕심을 따라서 '맞춤식 예배'로 되지 않는 것이 본질이기 때문이다.

1) 결혼

독일의 인류학자이며 사회학자인 리차드 투른발트(Thurnwald, Richard)에 의하면 결혼에 대하여 사회적으로 승인하는 정도의 차이가 있고, 그 관계가 불안정하여 영속성을 갖추지 못한 사회가 있기는 하지만 지금까지 존재하고 있는 모든 미개사회들에서도 혼인관계가 존재하지 않은 사회를 전혀 찾아볼 수 없으므로 난혼시대(亂婚時代, 集團婚時代)가 있었다고 하는 몇몇 학자들의 생각들은 잘못된 것이라고 하였다. 결혼의 형태에 대하여 본질적인 근거는 일부일처제이다. 그러나 아라비아인들과 원시 셈족들에게서는 일처다부혼인(一妻多夫婚姻), 베에나(beena)혼인, 모아트혼인

(mar-a) 등의 탈선적인 형태들도 있었다고 한다.

키에르케고르(1813-1855)와 칼막스의 협력자인 엥겔스(1820-1895) 그들은 사회학적인 입장에서 결혼을 매우 신랄하게 고발하였다. 엥겔스가 프롤레타리아 즉 여성의 조건은 빈민층의 조건과 같은 것이라고 비하한 것은 매우 잘못된 생각이다. 남녀의 동등성은 인정해야만 한다. 그러나 경제적 동등이 성적으로 동등성을 낳는다는 말은 말이 될 수 없다는 것은 이미 수많은 사례들이 이를 증거하고 있다. 거기에 더하여 성(性)의 동등 그 자체가 (물론 필요하다는 것은 의심할 여지가 없지만) 행복한생활에 필요한 모든 조건들을 다 갖추게 한다고 보장할 수 없다.

인간들은 단지 겉으로 드러난 오감적 현상들만 생각하는 습관으로 고정되어 있다. 그러기 때문에 거의 본질을 생각할 수 없다. 그래서 결혼을 하는 것도 오직 육체적 결합으로만 생각한다. 인간들에게 잇어서 "결혼에 대한 본질"은 절대로 육체에 있는 것이 아니다. 왜냐하면 "생명을 인생들의 궁극적인 존재라고 강조하신 그리스도의 교훈"이 있기 때문이다.

로렌스 J. 크랩은 "결혼의 목적은 무엇이며 그 목적을 달성하기 위한 방법은 어떤 것인가?"라고 질문을 하였다. 인생들의 모든 행위들에는 반드시 목적이 있다. 이 목적들에 적절한 방법은 적용한다면 반드시 그 목적을 완전하게 달성할 수 있다. 결혼을 생각하는 모든 인생들은 행복을 제일 큰 목적으로 하고 있다. 이 행복을 생각하지 않고 결혼을 하는 자는 아무도 없다. 서로가 행복을 생각하면서 하는 결혼 그 자체가 '약속의 본질'에 속하는 것이다. 온 세상 모든 인생들은 '행복'이라는 꿈을 가지고 이 결혼을 생각하므로 온 세상은 너무나도 요란스럽다. "이렇게 행복을 추구하여 결혼을 하는 자들 중에서 이 결혼을 통하여 참된 행복을 얻은 자들이 있을까?라는 질문에 대하여 단 한 경우도 찾기 어려울 것이다. 그러므로 이렇게 시작한 그 모든 자들의 결과는 실망으로 끝나 버리고 만다. 그 이유는 무엇일까? 모두들이 그렇게 되고 말았다면 결혼을 통하여 행복을 추구한다는 것을 본질이 아니고 하나의 속임수일 뿐이라는 말인가? 정말로 결혼을 통한 참된 행복으로 가는 길은 없다는 말인가?

절대로 그렇지 않다. 우리들은 여기에서 오늘날의 인간들은 건강하게 살기를 원하면서도 실제로는 오히려 그 건강을 망치는 일들만 열심히 좇아다니고 있는 것을 많이 보고 있다. 거기에다 독한 술들을 폭음하여, 담배를 피우므로 혈액을 더욱 더 오염되고 따라서 피로가 쌓인다. 그래서 귀찮다면서 운동을 기피하기 때문에 현대 의학·과학으로써는 밝힐 수 없는 엄청난 문제들을 만들어 그 몸과 전체적 생활은 입체적으로 망가져 간다. 그래서 그는 고혈압·당뇨병·위장병·심장병·암 등등이 모든 병들이 가장 좋아하는 조건들만 가득 채워 놓았으며, 외부 또한 오직 자신이 망가지는 환경들만 만들어 놓고도 건강하기를 원하는, 너무나도 엄청난 모순들 중에 빠져 있다. 특히 자녀들의 경우에는 언청이 및 기형아를 출산하는 원인이 된다고 한다. 동물들 중에서 자신의 코를 굴뚝으로 만드는 것과 마취성 음주를 하는 것은 오직 인간들뿐이다. 이렇게 하는 행위들은 절대로 '본질'이 아니다. 그러므로 인간들의 건강은 마치 '수학공식'과도 같은 원칙이 적용 될 때만 얻을 수 있다.

이와 같이 인간들이 그 자신들의 궁극적인 욕심을 행복에 두고 있으면서 실제로는 오히려 이 행복을 깨뜨리고만 있다. 그러므로 인간들이 참으로 건강하기를 바란다면 그러한 생활방식을 바꾸어야만 하는 것과 같이 인간들의 행복도 그와 같은 것이다. 먼저 결혼의 본질이 어떤 것인지에 대하여 올바르게 깨달아야 하며, 다음으로 그 본질의 길을 어떻게 올바르게 걸어가느냐에 따라서 행복의 결과는 좌우되는 것이다.

　모든 인간관계들은 '약속관계'들로서 구성된 것이며, 이 '약속관계'에 포함되지 아니한 경우는 전혀 없다. 인간들의 본질 안에서 본다면 심지어 부모와 자녀들의 관계들까지도 철저한 약속관계이다. '나'와 '나' 그리고 '부부'끼리 그리고 부모와 자녀들까지도 철저한 '약속관계'라면 결혼 즉 부부관계가 약속인 것은 너무나도 분명하다.

　우선 확인할 수 있는 방법으로서, 부부가 서로 결합되기 전에는 각각 다른 가정에서 살고 있었기 때문에 서로는 타인이었다. 그러나 서로가 굳게 약속을 한 형태를 따라서, 그 약속을 근거로 하여 결혼을 한 것이며, 이러한 약속들은 표면적인 약속이라고 분류할 수도 있다. 결혼에서 이러한 표면적 약속만으로도 그 실제는 서로가 한 평생동안 그 긴장상태를 절대로 풀 수 없는 너무나도 중대한 틀에 얽매이는 것이다. 그럼에도 불구하고 결혼 당시에 수많은 증인들 앞에서 그렇게 엄숙히 약속한 내용들을 엄격하게 실행하면서 살아가는 부부는 단 하나도 없다는데서 그들은 이미 행복 그 자체를 포기한 결과 안에서 살고있는 것이다. 그러고 보면 모든 결혼식장은 그렇게 화려하고 거창한 의식들을 통하여 가장 큰 거짓말을 만들고 있는 범죄 현장이 되고 만다.

　그러면서도 약속을 배신한 그 행위들에 대해서는 전혀 뉘우치지 않는다. 그렇게 하면서도 그들은 행복을 얻으려고 하거나, 더 나아가서는 그 자신이 아예 그 행복 자체를 만들겠다고 하는 모순된 행위들을 하고 있다. 이는 참으로 어리석은 행위들일 수 밖에 없다. 이는 마치 공식과 공구를 완전히 무시하여버린 상태에서 공중으로 걸어가는 발걸음으로 태양까지의 거리를 100% 완전하게 측정하려는 행위와 같다고 할 수 있다. 그러한 것으로는 단 한 발자국도 불가능하다. 결혼의 약속은 이러한 표면적인 약속과는 절대로 비교할 수 없는 엄청난 약속 즉 결혼 그 자체에 주어진 약속은 이러한 표면적인 약속과는 절대로 비교할 수 없는 엄청난 약속 즉 결혼 그 자체에 주어진 "결혼의 궁극적 약속"이 있다.

이 "결혼의 궁극적 약속"은 그 한 쌍이 이룩하는 그 가정을 "완전한 천국의 모형"으로 만들어 그 가정을 구성하게 되는 구성원들이 하나의 동아리(group)가 되어서 모두들이 "완전한 하나님의 사람들"이 되는 훈련을 받는 가장 기초단위를 완성하겠다는 약속이 곧 "결혼의 궁극적 약속"이다. 결혼을 하는 한 쌍에게 주어진 이 "결혼의 궁극적 약속"을 완전히 이룩하기 위해서는 신앙 생활을 위한 기초가 되는 '믿음의 본질'을 철저히 따르겠다는 약속들이 또한 함께 주어진 것이다. 인생들은 그가 목적으로 한 것을 완전히 이루었을 때 비로소 그 행복을 얻게된다. 그러나 그 결과를 제시하여야할 때는 되었는데, 그 일을 완성하지 못하고 작업장을 미완성된 재료들과 도구들로 복잡하게 늘어놓은 상태에서 과연 그 행복을 얻을 수 있는가 하는 경우와, 또한 다 만들었다고 생각을 하였으나, 다시 확인하여본 결과 부주의로 인하여 만족스럽지 못하게 된 것을 바라 보면서는 그가 바란 그 행복을 얻을 수 있다.

그러한 경우 그 중요성이 클 경우에는 도리어 차라리 죽어 버리고 싶은 생각이 일어나기도 할 것이다. 그래서 익냐스 렙의 말을 인용한다면 "남편과 아내는 처음부터 자기네 사랑이 아무리 진실하고 정열적이라고 하더라도 스스로 가꾸어 나가지 않으면 오래가지 못한다는 사실을 알아야한다."는 말과 같이 결혼 당사자 서로는 각각 항상 이러한 약속 안에서 생생하게 때어있는 생활을 유지하고 있어야만 하는 것이다.

식물들과 동물들이 감미로운 음악을 좋아하는 것을 본다면 '행복'은 모든 생명체들의 목표라고 할 수 있다. 특히 인생들이 살아가고 있는 전체의 삶들은 오직 이것을 잡으려고 좇아 다니는 것들뿐이라고 할 수 있다. 어떤 자들은 자기 스스로의 노력으로 이것을 잡을 수 있다고 생각하여 애를 태우면서 이것을 추구하고 있다. 이렇게 추구하는데는 자신의 생각대로 갖가지 방법들을 동원할 것이다. 그러나 그 방법이 적절하지 않는다면그 모든 방법들은 착각(錯覺)일 뿐이다. 착각으로 어떤 일이 완성되는 경우는 절대로 없다. 착각은 철저하게 실패만 만들뿐이다.

　많은 자들은 자신의 한계를 초월한 방법을 사용하려고 한다. 그런데 이들이 소위 말하고 있는 '신비주의적' 영역에 들어가서 福을 빌어 바라는 방법으로써 이 행복을 추구하는 자들이 매우 많다. 그리고 또 어떤 자들은 '결혼' 도 이 '복' 을 위한 하나의 방법이라고 생각한다. 물론 아름다운 결혼은 행복에 이르게된다. 그러나 이 "결혼을 행복을 얻기 위한 방법" 즉 하나의 '수단' 이라고 생각을 한다면 그것은 비극이 되어버린다. 그럼에도 불구하고 이러한 방법은 마치 당연하게 여겨져 일반상식이 되어가고 있다. 그래서 결혼을 통하여 행복의 집을 짓는 것이 아니라, 결혼을 악용하여 행복을 강탈하고, 유인하며, 도둑질 할 수 있다고 생각하기에까지 한다.

　그래서 결혼을 생각하고 있는 모든 인간들은 오직 '행복' 이라는 꿈을 꾸고 있다. 그러나 이 꿈을 좇아가고 있는 모습들을 본다면 거의가 유치원 아이들과 같은 사고방식에 머물러 있는 사실을 볼 수 있다. 그래서 대부분은 경제·명예·용모·체격조건 등등이 현상적 조건들만 추구한다. 더군다나 욕심꾸러기들은 '구색' 이라면서 이런 모든 조건들을 완전히 갖춘 배우자를 찾기도 한다. 그러나 이러한 것들을 좇아가는 자들 중에서 그런 것들로써 만족하는 자는 단 하나도 없다고 할 수도 있다. 오히려 그 당시에 어느 정도 만족한 것에서 더 욕심을 채우려다가 아예 파멸을 당하여버리는 경우들을 많이 볼 수 있다. 권력을 좋아하여 결혼을 하였다가 오히려 그 물질의 풍요 때문에 가각 무너져 버리기도 한다. 또한 용모를 보고 결혼을 하였다가 세상 모든 동성들을 경계하는 의처증, 의부증 등등의 병자가 되는 실제적 예들은 너무나도 많이 볼 수 있다. 이러한 사실들은 결국 이기적 욕망의 본질만 작용한다. 그래서 자기 자신 안에는 오직 자기만으로 가득 차 있기 때문에 다른 어떤 것도 더 넣을 수 없는 상태가 된다. 그래서 억지로 쑤셔 넣으면 결국 자신이 터져 찢어지는 것이 이기적 욕심의 형태이다.

또, 어떤 자들은 결혼 적령기를 놓치므로 그의 별명 앞에 청년의 나이로는 치명적인 대명사 이 '늙을 노'(老)라는 글자가 붙어 이제는 배우자를 결정할 판단력마저 상실한 것 같은 상태에서 방황하고 있다. 어떤 분에게 "이렇게 많은 대상자들이 있는데 너무 어렵게만 생각하는 것 같다."고 하였더니 그분은 "반반한 인물이 없다."고 대답을 하였다. 더군다나 그분은 스스로 "나는 모범적인 신앙생활을 하고 있다."라고 자부하는 분이었다. 그런데 필자는 나 자신도 모르는 사이에 그말에 응답을 하면서 "그 모두들은 하나님께서 기뻐하시는 뜻을 따라서 이 땅에 보내심을 받은 분들인데 그들을 그렇게 말하면 어떻게 합니까?"라고 반문을 한 경우도 있다. 세상 인간들이야 세상의 속성이 이기주의적이기 때문에 그럴 수 있지만, 성도들이라면 세상작인 이러한 방법은 참다운 행복을 역행하는 길이라는 사실을 명심하여야만 할 것이다. 그래서 성도들은 오직 하나님 자신 안에서, 하나님의 시각과, 하나님께서 뜻을 따라서 순종하는 생활을 하여야만 할 것이다.

인생들이 행하는 모든 것들은 자신을 위하여 하지 않고, 오직 하나님의 영광만을 위하여 행한다면, 그것은 도리어 자기 자신을 위하는 궁극적인 방법이 된다. 왜냐하면 그것은 생명의 본질이며 사랑의 본질이기 때문이다. 인간들 사이에서도 자신을 위하여 목숨을 아끼지 않는 자에게 아무 것도 아까워하지 않고 풍성한 보답을 하는 것은 상식이다. 이 상식은 곧, 하나님의 속성이기 때문에 인간들이 오직 하나님의 영광만을 위하여 행한다면 하나님께서 자신의 풍부하신 것으로 사랑하시기 때문이다.

그러므로 자신의 욕심을 채우도록 하여 줄 수 있는 인물이 없어 결혼을 할 수 없다고 한다면, 그 말은 곧 "하나님의 솜씨가 자기 안목의 수준보다 못하다."는 불평이 되고 만다. 이를 또 다르게 말한다면 하나님께로부터 "당신을 흡족하게 하여 줄 수 있는 배우자를 만들어주지 못해서 면목 없습니다."라는 사과의 표현을 요구하는 행위와 다름이 없을 것이다.

행복은 이러한 사고방식으로부터 오는 것이 아니다. 팀 라헤이는 "이기심은 패자이다. … 행복이란 자기의 자아·시간·재능·소유물을 다른 사람과 나누는 것을 배우는데 달려 있다."라고 하였다. 이기심의 원형은 자기 자신 안에는 오직 자기 자신으로만 가득 차 있기 때문에, 다른 어떤 것도 더 넣을 수 없는 그릇에 또 다른 모든 것들을 쑤셔 넣으려는 것과 같은 것이다. 일정한 그릇에 너무 많이 밀어 넣으면 그 그릇은 터져 버린다. 그러므로 인간들이 자신으로부터 이기적 욕심들을 완전히 버리지 않으면 어떠한 형태로든지 자신은 반드시 파괴되어 버린다.

2) 약혼

(1) 약혼의 의의

약혼은 혼인을 위한 당사자간의 약속이다. 약혼식은 멀지 않은 장래에 결혼할 것을 밝히는 절차이므로 양가의 합의에 따라 약혼식을 생략할 수 있다. 약혼식을 거행하려면 양가가 의논하여 날짜와 시간과 장소를 정하고 목사와 어른들을 모시고 두 사람이 정혼(定婚)하였음을 알리는 절차를 가져야 한다. 약혼식은 언제나 가족적인 분위기에서 진행해야 한다. 그러므로 약혼

식은 양가와 이웃에게 번거로움을 주거나 결례가 되지 않는 간소하고 경건
한 예식이 되도록 힘써야 한다.

(2) 약혼식 식순

약혼식장을 ㄷ자형으로 준비하고 약혼 당사자를 중심으로 양가부모가 자
리를 정하고 양가친척은 좌우편으로 앉는 것이 좋다. 약혼식은 당사자의 가
족과 친지들이 참석하는 가족모임임을 명심해야 한다.

- 개식사
- 기원
- 찬송(생략할 수도 있다)
- 성경봉독
- 주례의 말씀(생략하는 편이 좋고, 할 경우에는 짧게 할 것)
- 신앙고백
- 서 약
- 선물교환
- 기도
- 선언(목사가 삼위일체의 이름으로 결혼의 약속을 선포한다)
- 찬송(생략할 수도 있다)
- 축복기도

약혼선물은 당사자간에 교환하는 것으로 약혼반지는 가장 소중하고 처음
으로 받은 가장 뜻깊은 선물이기도 하다.

(3) 약혼식 후

약혼식 후 피로연은 대체로 여자편에서 준비하는 습관이 있는데 어느편에서 준비하든지 간소하고 정결하게 해야하고 피차 언동에 조심하여 예의에 어긋남이 없어야 한다.

피로연 때 양가 친척들을 일일이 소개하면서 인사를 시켜 서로 친밀한 관계를 가지도록 한다.

약혼식 후에 당사자는 결혼을 위해 마음과 생활을 준비하여 앞으로 있을 결혼식이 신성한 결혼이 되도록 서로 예의를 지켜야 한다. 약혼은 결혼을 약속한 사이이지 결코 결혼한 것이 아님을 명심해야 한다. 당사자뿐 아니라 양가 부모들도 이점을 유의해야 한다.

천주교나 개신교는 교리에 따라 절대로 육체관계나 한집에서 동거함을 금하고 있다.

약혼을 한 후 양가는 결혼을 위해 혼수장만을 하게 된다. 낭비없이 갖출 것을 갖추되, 분에 넘치는 준비는 가정의 행복을 그르칠 수 있다.

* 옛날의 납폐(納幣)

• 납폐(納幣) - 혼인 때 신랑집에서 신부집으로 보내는 폐백, 흔히 푸른 비단과 붉은 비단으로 싼 함에 넣어 보낸다.

납폐를 '함 보내기'라고 하는데 함은 결혼식 전날 저녁에 보내는 것이 보통이다. 함의 내용물은 의복과 패물 등으로 당사자들 사이에 희망에 따라 늘리고 줄일 수 있다.

신부 댁에서 함을 받는 절차도 많이 간소화되었으나 장난이 지나쳐 서로의 감정을 상하게 하는 일은 삼가야 한다.

약혼식 때 양가에서 서로 예물을 교환함으로 함 보내는 일을 생략할 수 있다.

- 약속의 언약 - 에베소서 2: 11-13
- 이삭의 약혼 - 창세기 24: 50-67
- 완전한 약속 - 호세아 2:19-20

2) 혼인

"이러므로 남자가 부모를 떠나 그 아내와 연합하여 둘이 한 몸을 이룰지로다" (창 2:24)

(1) 성서의 혼인

"모든 사람은 혼인을 귀히 여기고 침소를 더럽히지 않게 하라 음행하는 자들과 간음하는 자들을 하나님이 심판하시리라" (히 1:4)

혼인은 하나님에 의해 정해진 것으로, 옛것이면서도 새것의 혼인이다. 남녀의 혼인은 하나님의 뜻이요, 하나님이 축복하신 일이요, 예수 그리스도께서 축복하신 일이다. 혼인은 몇 가지 원칙이 있다.

- 일부일처(一夫一妻)의 원칙이 있다.
하나님은 일남일녀를 지으셨고 (창 1:27), 예수님도 본래 저희를 남자와 여자로 만드셨다고 하셨다. (마 19:4) 하나님은 영이 유여하실지라도 오직 하나를 짓지 아니하셨느냐 어찌하여 하나만 지으셨느냐 이는 경건한 자손을 얻고자 하심이니라(말 2:15)고 하셨습니다.

타락한 인간들이 일부다처(一夫多妻), 일처다부(一妻多夫)주의로 전락하는 예도 있으나 일부일처주의를 저버린 사람들이 화를 입는 역사를 성경에서 읽을 수 있다.(창 21:8-12)

• 부부일신(夫婦一身)의 원칙이 있다.

남자가 부모를 떠나 그 아내와 연합하여 한 몸을 이룰찌로다(창 2:24) 하였으니 혼인의 깊은 뜻은 한 몸의 원칙이다. 부부일신의 원칙은 서로 사랑함으로 전인격이 연합하여 한 몸이 되는 것이다.

부부가 되는 것은 하나님이 짝지어 주심으로 되는 것이다. 천상배필이란, 부부는 하나님이 정한다는 뜻으로 혼인은 하나님의 허락으로 이루어지는 신성한 일이다.

하나님이 짝지어 한 몸이 되었으니 나눌 수 없다는 것이 성경의 교훈이다. 그러므로 이혼은 하나님의 뜻을 어기는 일이다. 예수는 음행한 연고없이 이혼하는 것은 옳지 않다(마 5:32)고 하였다.

음행한 것이 이혼의 제일 큰 조건이 되지만 문제해결의 최상의 방법은 아니다. 혼인이란 사랑에 기초한 관계이기 때문이다.

(2) 혼인의 목적
혼인의 목적을 성경에서 찾으면 다음과 같다.

① 서로 돕기 위함이다.
사람이 獨處하는 것이 좋지 못하니 내가 그를 위해 돕는 배필을 지으리라(창 2:18)하시고 아담에게서 취하신 그 갈빗대로 여자를 만드셨다(창 2:22).

인간은 사회적 존재이므로 남과는 교제가 없이 자기를 개발하거나 자기 존재의 목적을 달성할 수 없다.

가장 친밀한 교제인 동시에 자신의 행복을 위해 가장 중요한 교제는 혼인한 남녀의 교제이다. 개인의 결함을 서로 도와 생활은 풍성해지고 공동의 목적은 향해 전진할 수 있다.

두 사람이 한사람보다 나음은 저희가 수고함으로 좋은 상을 얻을 것임이라(전 4:9)하였으니, 두 사람이 서로 도와 살면서 하나님이 주신 사명을 다하게 하기 위해 하나님께서 혼인제도를 정하셨다.

② 생육하고 번성하기 위함이다.

하나님은 아담과 하와, 최초의 부부에게 생육하고 번성하여 땅에 충만하라(창 1:28)고 했다. 혼인하면 자녀를 낳으며 거기에 특별한 환희와 만족이 있다.

새로운 생명을 낳는 것은 신비중에 신비로운 일이다. 시인은 "나의 모태에서 나를 조직하였다"(시 139:13), "자식은 여호와의 주신 기업이라"(시 127:3)고 노래했다. 성경에 보면 잉태하지 못하는 것을 하나님의 형벌로 인식했다.(창 16:4, 눅 1:25). 예수님도 자녀를 낳았을 때의 기쁨을 언급하였다.(요 16:21)

천주교는 전통적으로 인공적 제한에 반대하고 있고, 개신교도 새생명을 태에서부터 제거하는 것은 죄라고 한다. 그것은 국법에서도 금하고 있다.

③ 사단으로 시험하지 못하게 하려 함이다

음행의 연고로 남자마다 자기 아내를 두고 여자마다 자기 남편을 두라 남편은 그 아내에게 대한 의무를 다하고 아내도 그 남편에게 그러할찌라 … 너희의 절제 못함을 인하여 사단으로 너희를 시험하지 못하게 하려 함이라 … 만일 절제할 수 없거든 혼인하라 정욕이 불같이 타는 것보다 혼인하는

것이 나으리라"(고전 7:2-9)

죄가 세상에 들어온 이래 성적 충동으로 범죄한 일이 많다. 물론 의지가 강한 사람이나 특수한 사명을 위해 독신으로 지내는 이가 있다. 천국을 위해 스스로 된 고자도 있다(마 19:12)하였으니, 혼인만이 인생이 아니라 보다 높고 숭고한 목적을 위해 독신으로 사는 사람에게 경의를 표해야 한다.

④ 서로 복종하기 위함이다.

"아내들이여 자기 남편에게 복종하기를 주께 하듯하라 … 아내들도 범사에 그 남편에게 복종할지니라"(엡 5:22-23)

부부간에 서로 복종할 것을 권장한 성경은 "남편들아 아내 사랑하기를 그리스도께서 교회를 사랑하시고 자신을 주심같이 하라"(엡 5:25)하였으니, 남편은 자기 아내를 자신을 희생하면서 사랑할 것을 가르치고 있다. 이런 사랑이 있어서 거기에 응답하는 것이 복종이다.

그리스도 안에서 남자나 여자의 구별이 없다(갈 3:28)하였으니 남녀는 인격에 있어서 평등하기 때문에 사랑과 존경으로 결합하여야 한다.

"예수께서 대답하여 가라사대 사람을 지으신 이가 본래 저희를 남자와 여자로 만드시고 말씀하시기를 이러므로 사람이 그 부모를 떠나서 아내에게 합하여 그 둘이 한 몸이 될지니라 하신 것을 읽지 못하였느냐 이런한즉 이제 둘이 아니요 한 몸이니 그러므로 하나님이 짝지어 주신 것을 사람이 나누지 못할지니라 하시니"(마 19:4~6)

(3) 혼인식 준비

혼인을 하려면 언제 어디서 어떻게 할 것인가를 결정해야 한다.

① 언제 할 것인가?

결혼식 날짜는 당사자의 휴가 기회나 공휴일 등이 좋으나 신부의 생리, 그리고 가족의 사정과 식장이나 주례자의 사정 등을 고려하여 결정해야 한다.

② 어디에서 할 것인가?

결혼은 일륜지대사(一輪之大事)요, 신성한 일이므로 혼인식을 어디서 할 것인가는 중요한 일이다. 신랑신부가 신자일 경우에는 교회당에서 거행하는 것이 좋다. 이 경우에 신부가 소속한 교회를 선택하는 것이 좋으나 반드시 그렇게 할 필요는 없다.

경우에 따라서는 당사자의 가정이나 공회당이나 예식장에서 거행할 수 있다. 양가의 합의로 공원이나 야외에서 거행해도 무방하다.

③ 어떻게 할 것인가?

요사이 복고풍이 있어서 사모관대 등으로 예장을 갖추어 전통혼례식을 하는 일이 있다. 그러나 대부분이 서구식 즉 기독교식으로 혼인식을 거행한다. 혼인식을 주목할 목사를 당사자들이 방문하여 혼인식에 대해 협의할 뿐 아니라 혼인에 대한 상담을 받아야 한다.

혼인예식에 대한 초청장은 가정의례준칙에 따라 하지 않는 것이 타당하다. 그러나 전화나 자필서신으로 청첩을 하거나, 혼인식 후 친척이나 친구들에게 혼인의 사실을 알리는 것도 보다 바람직한 일이다.

요사이 혼인예식 때 신랑 신부의 신물(信物)교환을 생략하는 경우가 많다. 약혼 때 교환했기 때문인 경우나 혼인식 전에 당사자가 서로 교환한 경우이기 때문이다. 그러나 혼인을 기념하기 위한 지환은 평생 지니고 있어야 할 물건이기 때문에 값이 많지 않는 물건이라도 당사자의 이름과 혼인날짜를 새겨 그 뜻을 길이 간직해야 한다. 혼인식 의상으로 신랑은 평상복인 양복이면 좋고, 신부는 양장 또는 한복도 무방하나 흔히 드레스(dress)를 착용한다.

미용원과 사진관에도 미리 예약하며 식장에 대한 장식이나 여행에 대한 계획도 차질이 없도록 주의해야 한다.

식장인 교회당 청소와 정돈으로부터 장식에 이르기까지 세심하게 관심을 두어야 한다. 회중석 중앙통로-버진로드(Virgin road), 처녀의 길-에는 흰천이나 융단을 입구에서부터 강단 정면까지 깔고 좌우 각 의자 측면에는 리본과 같은 꽃묶음으로 장식하는 것도 의의가 있다.

외형적인 준비도 필요하지만 무엇보다 신랑 신부의 마음준비가 있어야 한다. 혼인은 모험이라고 한다. 혼인생활을 행복하게 하려면 부단한 노력과 슬기로운 지혜를 필요로 한다. 부부생활에 들어가기 전에 세 번 기도하라는 러시아의 격언은 행복한 부부생활은 쉽게 이루어지지 않는 것을 의미한다. 그러므로 혼인예식을 위해 당사자들은 하나님께 기도할 필요가 있다. 두 사람의 합심기도를 하나님이 들어주신다.

(4) 결혼식 식순

입장 – 주악

주례자 등단

(시간이 되면 장내 분위기를 보아 정리가 되었으면 안내자가 주의를 환기
　시킨 후에 주례자가 등단한다)

신랑 입장

신부 입장

(신부가 입장할 때 신랑은 신부가 들어오는 쪽을 향하여 서서 신부를 맞
　이한다. 신부가 다섯 발자국 가까이 왔을 때 두 세 걸음 앞으로 나아가

신부를 맞아 정중히 인도한다.)

개 식 사		주례자
찬　　송	(생략할 수도 있다)	다같이
성경봉독		주례자
기　　도		주례자
혼인서약	(신랑 신부에게)	주례자

신랑에게 : 남편들아, 아내를 사랑하며 괴롭게 하지 말라.(골3:19)
신부에게 : 아내들아, 남편에게 복종하라. 이는 주안에서 마땅하니라(골3:18)

서　　약	(신랑 신부에게)	주례자
기　　도		주례자
선　　언		주례자
권 면(설교)		주례자
축　　가		주례자
찬　　송	(생략할 수도 있다)	다같이
감　　사		양가대표
축　　도		주례자
인　　사	(내빈에게)	신랑 신부
새출발(퇴장)	(일동기립)	신랑 신부

(주례자는 신부가 신랑의 오른 팔을 끼도록 도와주고 음악에 맞추어 서서
히 퇴장하게 된다. 주례자는 퇴장이 끝날 때까지 새 출발하는 신랑 신부
의 뒷모습을 주시하면서 새 가정을 축복한다.)

(5) 혼인예식 후

혼인예식은 기쁜 행사이므로 축하모임을 갖는 것은 좋으나 피로연은 간소하게 하면서 양가친척이 인사하는 기회가 되어야 한다. 근자에는 폐백(幣帛)의식 내용이 달라지면서 예식이 끝난 후 신부가 시댁 어른들을 만나는 의식으로 변모해 가고 있는데 다음과 같은 방법을 생각해 볼 수 있다.

또는 다른 장소를 마련하고 양가의 가족들이 만나 인사하면서 양가로 하여금 한 가족이 되게 묶어 주신 하나님의 은혜를 감사하면서 기쁨을 서로 나누는 것도 좋은 일이다.

혼인예식이 끝나면 즉시 혼인 신고를 해야 한다. 혼인신고는 국민의 의무인 동시에 혼인을 행복하게 만드는 이유도 된다.

혼인식에 유의할 점이 있다. 기독교인이면 혼인일자를 주일이나 수난주간 같은 시기는 피해야 한다. 주례목사를 혼인예식 한 주일전에 방문하여 목사의 지도를 받아야 한다.

옛날에는 사주팔자(四柱八字) (사주팔자(四柱八字) - 난 해, 달, 날, 때의 사주의 간지(干支)되는 여덟 글자, 신수(身數)의 길흉화복을 점하는 자료가 됨)를 주고받았으나 지금은 혼인 당사자들의 호적등본과 건강진단서를 교환함으로 새 생활에 어려움을 미리 예방한다.

신혼여행에서 돌아와 양가부모와 친지들에게 감사의 인사를 드려야 한다.

---

* 뼈 중의 뼈, 살 중의 살 (창 2:18-25)

① 세 번 기도하라

② 서로 도우라

③ 서로 친절하라

---

① 이상적인 가정(엡 5 : 22-33)
혼인하는 두 남녀에게 하나님이 주시는 말씀에 귀 기울여 보라

* 아내에게 주시는 말씀
"남편에게 복종하라"

"아내들이여 자기 남편에게 복종하기를 주께 하듯이 하라 이는 남편이 아내의 머리 됨이 그리스도께서 교회의 머리 됨과 같음이니 그가 친히 몸의 구주시니라 그러나 교회가 그리스도에게 하듯 아내들도 범사에 그 남편에게 복종할지니라"(엡 5:22~24)

- 남편은 아내의 머리가 됨을 항상 기억하라.
- 남편의 뜻을 항상 존중하고 따를 것을 결심하라.
- 남편에의 도의를 다하기 위해 순결을 지킬 것을 약속하라.

* 남편에게 주시는 말씀
"아내를 사랑하라"

"남편들아 아내 사랑하기를 그리스도께서 교회를 사랑하시고 위하여 자신을 주심같이 하라"
(엡 5:25)

- 아내는 자기의 몸의 지체임을 항상 기억하라.
- 아내를 보호하고 양육할 것을 결심하라.
- 아내에 대한 도의를 다하기 위해 순결을 지키며 자기를 희생할 것을 약속하라.

돌멩이 둘을 하나로 만들려면 각각을 빻아서 가루로 만들어야만 하나로 만들 수 있듯이, 각각 다른 사람이 한 몸이 되기 위해선 자기를 희생하는 반면 상대편을 이해하고 포용할 때 하나가 될 수 있다.

② 부부의 도리(벧전 3:1-7)

* 아내에게 주시는 말씀
"남편을 순복하라."
• 혹 믿지 않는 자라도 그 아내의 행위를 보고 구원 얻도록까지 철저하게 모본을 보여라(1절)
• 온유한 마음과 심령의 썩지 않을 것으로 단장하라(2-3절) - 외모로 하지 말라.
• 선을 행하고 하나님께 소망을 두라(6절) - 사라가 하나님을 섬긴 것처럼 하라.
* 남편에게 주시는 말씀
"지식을 따라 아내와 동거하라"
• 아내는 연약한 그릇인 줄 알라.(7절)
• 아내를 귀히 여겨야 한다.(7절) - 아내는 생명의 유업을 함께 받을 자이다.

③ 둘이 함께라면(전도서4:9-12)

*혼인한 두 사람이 함께 할 때 우리는 삶에서 더욱 큰 의미를 찾을 수 있다.

- 수고함으로 좋은 상을 얻는다.(9절) - 협력
- 하나가 넘어지면 하나가 일으킨다.(10절) - 위로
- 두 사람이 함께 누우면 따뜻하다.(11절) - 사랑
- 두 사람이면 능히 당할 수 있다.(12절) - 승리

9. 계절에 관계된 예식

성도들에게 일반화되어 있는 절기들에 대해서도, 미신으로 시작하여 미신으로 행하고 있는 불신자들의 세시풍속으로 지키는 절기들을 주의하여야 한다. 더군다나 성도들은 자신들이 행하는 모든 일들을 오직 하나님의 영광을 위하여 하라는 명령을 받은 자들이므로, 미신적 온상인, 이 민속의 풍속 안으로 끌려 들어가는 일이 없도록 매우 조심하여야 한다. 비록 국가적으로 공휴일이 되었으나, 이 때를 오히려 온 가족들로 하여금 참으로 하나님께서 영광을 받으시는 일을 하는 기회들로 만드는 지혜를 구하여야 할 것이다.

그러므로 설날, 추석날, 정월대보름 등에는 가족들이 함께 모여서 환경과 형편에 알맞은 프로그램들로서 우애를 다지고, 자녀들 또는 후손들에게 바람직한 교육을 하는 기회로 활용하는 것이 좋을 것이다. 따라서 음식들까지도 무턱대고 다른 사람들이 하니까 그대로 만들어 먹는 습관도 고쳐야 할 것이다. 왜냐하면 그 음식들 중에도 "부스럼 깨문다."는 것들과, 재앙과 악

귀를 물리친다는 팥죽 등등의 미신적 요소들이 많기 때문이다. 물론 그 기본적 생각들을 초월하여 의미를 무시하고 먹을 수도 있다. 그러나 그 의미가 조금이라도 적용될 가능성이 있다면 아예 멀리하는 것이 좋을 것이다.

1) 설날

우리 조상들은 1년을 살아가는 동안 수 많은 제사를 조상께 드렸다. 그러나 현행 '가정의례준칙'은 복잡한 제례를 대폭 수정해서 간소화하고 있다. 제례를 구분해서 고인이 사망한 날의 기제(忌祭), 8월의 추석날 아침에 절사(節祀), 설날 아침에 년시제만 허용하고 있다.

그리고 제례의 범위도 2대까지도 제한하고 있음으로 할아버지, 할머니, 아버지, 어머니의 기제 네 번과 추석날과 설날 아침 각 한 차례씩 도합 6회의 제사로 한정되어 있는 셈이다.

조부모나 부모가 돌아가신 기일에는 추모식으로 추모하되, 설날이나 추석에는 어떻게 지내야 하겠는가?

한국의 개신교에 가장 문제거리로 대두된 것이 조상의 '제사' 의식이었고 그 제사를 저항해 왔으므로 '제사'라는 용어부터 기피하는 현상이다.

그러나 구약에서는 우양으로 드리는 제사가 많았고 인간의 제사 가운데 가장 큰 제사는 예수 그리스도의 희생 제사이다.

추도식은 추모하는 당사자를 기념하고 추모하는 예배행위요, 정월 초하루나 추석날은 조상 모두를 기념해서 추모하는 예배행위이므로 이 때에도 가족 전통에 따라 종가에 친지들이 다 모여 가족공동체의 친교가 있어야 한다.

기일에 모이는 추도식은 돌아 가신 날 저녁에 모이고 설날이나 추석날에는 아침이나 낮에 모이는 것이 좋겠다.

그리스도인의 예배는 하늘과 땅에 주가 되신 예수 그리스도 안에서 하나님의 은총의 배려 앞에 모든 것을 위탁하는 신뢰의 행위이다.

그리고 이 때의 예배는 세상에 남아 있는 자손들이 하나님의 계명과 믿음의 약속 안에서 진실하게 살 것을 다짐하고 앞서 가신 조상들의 생명을 이어받은 후손들의 삶을 통해 더 풍성하게 이어가겠다는 윤리적 다짐의 행위가 되어야 한다.

추도예배는 단순히 말씀을 중심한 후손들의 각성과 도덕 재무장의 날에 그치지 말고 그리스도 안에서 산 자와 죽은 자가 영적으로 교통하는 체험의 날이 되도록 하여야 한다.

설날에 교회에서는 신년 축하 예배를 드리며 일반인들도 신년축하 모임으로 새해의 건강과 축하의 인사를 교환한다.

크리스천 가정에서는 설날 아침에 온 가족과 일가 친척들이 함께 모여 조상들의 행적과 교훈을 되새기는 추모예배를 드림으로 가족공동체의 유대를 강화해야 한다.

설날 모임은 가족들의 새해 축하 모임의 성격이 되어야 한다.

(1) 설날 예배 순서

개회식

새해 첫날을 맞이하여 온 가족이 한 자리에 모여 조상들의 은공을 드리며 하나님 앞에서 축하 예배를 드립시다.

찬송 296장, 248장

기도

새 일을 이룩하신 거룩하신 하나님, 지난 한 해도 우리 가족들의 아픔까지 동참해 주시고 또 다시 설날을 맞이하게 하여 주심을 감사하나이다.

새해가 시작되는 지금에도 앞뒤로 불안과 좌절이 엄습해 오고 있습니다. 그러나 이 한 가운데서 당신의 음성을 듣고 위로를 느끼는 가족들이 되게 하여 주옵소서. 우리의 생활 속에 조상들의 교훈과 정신을 기억하게 하시며 그 생활을 본받는 자손들이 되게 하옵소서.

당신의 권능이 우리에게 임하사 위기의 시대 속에서도 우리로 승리자 되게 하옵소서.

우리의 어떠한 계곡을 지나든지 우리의 영혼 속에는 늘 맑은 샘물이 솟아나게 하옵소서.

우리가 결단을 내려야 할 때는 주께서 인도하시며 강하게 역사 하시옵소서. 우리를 도우사 무한한 용기와 깊은 신뢰감으로써 미래를 맞이할 수 있게 하옵소서.

아버지시여,

우리 가족들로 좋은 기회가 있을 때는 지혜를 주옵시고 실패의 순간에도 용기를 주시옵소서.

언제나 당신이 우리 가족 생활의 인도자가 되시며 우리는 그 도구임을 잊지 않게 하옵소서.

당신의 뜻에 따라 우리 가족에게 부과되는 모든 짐을 서슴없이 감당할 수 있도록 도와주시옵소서.

금년 한 해가 믿음 안에서 승리의 해, 행동을 통한 성취의 해가 되게 하옵소서.

우리 가족이 죄악의 길로 접어들 때는 성령이 바른 길로 인도하시옵소서.

예수 그리스도의 이름으로 기도드립니다. 아멘

성경봉독(다음 성구중에 골라 하나를 읽을 것)
창세기 8:13-22
출애굽기 12: 15-20, 20:12
요한복음 15:1-10, 19:26-27
고린도후서 5:17-21
에베소서 4:20-24
빌립보서 2:1-22

설교 (설교는 생략할 수 있다.)

기도 (설교는 생략할 수 있다)

성시교독 (찬송가 뒤에 교독문을 가족이 교독할 것)

찬송 (가족들이 즐겨 부르는 찬송)

축도 혹은 주의 기도

설날 예배는 가장이나 가족 중 한 사람이 주장하고 예배가 끝난 후에는 사랑의 애찬에 둘러 앉아 친교하면서 조상들의 교훈이나 추억담을 하는 것이 좋다.

히브리 민족은 유월절에는 가족들이 모여 가족 중에 "이 절기가 무슨 뜻입니까?" 하고 물으면 가장이 그뜻을 설명해 주었다고 한다.

2) 추석

음력 8월 15일은 추석 또는 한가위라고 한다. 한가위의 말뜻은 무엇인지 확실치 않으나 1년 중의 가장 즐거운 명절이다.

이 날은 기후가 서늘하고 햇곡식과 햇과일이 풍성하여 햅쌀로 떡을 만들어 먹으며 온갖 유희를 하면서 거국적으로 즐기는 명절이다.

한가위의 기원에 대해 삼국사기를 보면 신라 유리왕(儒理王) 때에 6부(部)의 여자들이 두패로 짜고, 기망(旣望), 즉 7월 보름부터 날마다 길쌈을 시작하여 한가윗날 즉, 8월 보름에 그 공이 많고 적음을 살펴 지는 편은 술과 밥을 이긴 편에게 사례하고 진편의 한 여자가 춤을 추면서 회소회소(會蘇會蘇)라 하며 탄식하였다고 한다.

이 길쌈의 공동 작업은 지금도 '두루삼' 또는 '두레' 라고 하여 남한 일대, 특히 영남지방 일대에 그 풍습이 남아 있다.

한가위를 추석(秋夕)날이라고 하는 것은 훨씬 후대의 일로서 한자 사용이 성행하면서 생긴 이름이다.

추석날에는 아침 일찍 새 옷을 갈아입고 추석 다례(茶禮)를 지내는데, 햅쌀로써 술과 떡을 만들고 밤, 대추, 감, 등 햇과일을 가묘(家廟)에 차려 놓고 조상에게 제사를 지내는 풍습이 있다.

또 이날은 조상 산소에 성묘를 가는데, 이때에 산소의 잡초를 베는 것을 벌초(伐草)라고 한다.

크리스천들은 추석날을 당하여 가족들끼리 모여 조상의 은혜를 추모하면서 감사 예배를 드리는 것이 가족 공동 생활에 도움이 될 것이다.

현대화의 물결 속에서 붕괴되어 가는 우리나라 가정의 위기와 청소년들의 문제를 바르게 해결하려면 우리 나라 고유한 민속 명절 때 가족 공동체를 결속시키는 계기를 만들어야 한다.

한가윗날을 추수감사절로 지키는 교회도 있는 만큼 크리스천 가정에서는 감사절로 지키도록 힘써야 하겠다.

(1) 추석날 예배 순서

개식사

푸르고 맑은 추석날에 온 가족이 마음과 뜻을 같이 하여 조상들의 은덕을 기리며 하나님 앞에서 감사 예배를 드리십시다.

찬송 305장, 307장, 309장

기도

사랑하는 하나님, 감사합니다.

우리 가족에게 건강을 주시고 즐거운 한가위를 주시니 감사합니다.

우리에게 말하는 이성과, 생각할 수 있는 상상력과, 아름다움과 미움을 가려내는 정서와 기쁜 마음과 슬픈 마음 주시니 감사합니다.

우리에게 신앙의 조상을 주시고 부모님을 주시고 부부의 사랑을 알게 하시고 자녀의 사랑과 자녀된 기쁨을 주시니 참으로 감사합니다.

사랑하는 주님!

우리에게 신앙의 부모를 주시고 그 교훈을 듣고 그리스도를 섬기고 그 공동체 안에서 한 식구가 되게 하신 것 감사합니다.

지난 한 해 동안, 우리 가운데 우리 집안에 우리 직장에 여러 가지 일이 많았사오나 이렇게 살게 하시고 이렇게 건강한 것 감사합니다.

하나님의 은혜 참으로 감사하고 고맙습니다.

예수 그리스도의 이름으로 기도드립니다. 아멘.

신앙 고백 (사도신경으로 신앙 고백을 합시다)

성경봉독 (다음 성경에서 하나를 선택할 것)

레위기 23 : 39-43

신명기 8:6-17

이사야 61:10-11

누가복음 12:22-31, 17:11-19

요한복음 6:24-35

고린도후서 9:6-15

갈라디아서 6:6-10

디모데전서 2:1-8

설교(생략할 수 있음)

기도

성시 교독(찬송가 뒤 교독문 64, 65 중 하나를 교독)

찬송 (가족들이 즐겨 부르는 찬송)

축도 혹은 주의 기도

9. 초상에 임하는 예절

1) 기독교의 상장례

(1) 상상례의 기본자세

일반적으로 상장례의 3대 기본자세로는 슬픔, 정성, 예절 등을 말한다. 이는 기독교에도 그대로 적용시키고 있다. 그렇게 하는 근거는 인간적 입장에서 생각하는 것이다. 먼저 '슬픔'은 역시 철학적 개념 때문이며, "죽으면 끝이다."는 개념 때문이다. 그래서 인간적 정으로 인하여 슬픔을 억제할 수 없다는 것이다. 그리고 '정성'도 역시 인간적 생각에 의한다. 특히 유교적 사상에 대한 뿌리가 깊은 우리들의 이 나라에서는 이 사상이 기독교에까지 깊이 영향을 끼치고 있다. 그 중에서 죽은 자를 살아있는 사람들보다 더 높이 대우하는 것 때문이다. 그래서 시신은 엄숙하게 다루는데 이 과정 전체가 정성을 필요로 한다. 끝으로 '예절'이며, 이는 앞에 두 자세들이 연장되는 것으로서 각종 예절들이 도입된다. 한국교회에서는 이 사상 때문에 성경에서 주님께서 분명히 "육체는 전혀 소용 그 자체가 없는 것"이라고 하였으나, 지 성경말씀은 절대로 인정하지 않으려는 자세이다. 그래서 기독교적 유교 입장을 취하고 있는 예들이 전부라고 할 수 있다.

　성경말씀에서는 "모든 일들을 감사하라,"고 명령을 하셨다(고전 10:31). 그러기 때문에 이 상(喪)을 당한 입장에서도 감사를 드릴 수 있어야 한다. "모든 것들"이라고 하셨기 때문에 당연히 이 경우도 포함시켜야 한다. 그래서 신앙생활을 하다가 움명한 경우라면 더욱 그렇게 할 수 있다, 왜냐하면 그분은 천국에 가셨기 때문이다. 신앙생활을 하다가 천국에 가신분을 붙들고 통곡하며 슬퍼한다면 결국 그분이 천국에 가신 것이 그렇게 슬프다는 말이 된다. 그러므로 이런 경우에는 엄숙한 분위기는 필요한 것이다. 그러나 그 상례들은 참으로 감사를 드리는 의식들로 진행되어야 할 것이다.

　그리고 상을 당한 가정에서 위생적인 측면은 대부분의 균들은 망인의 호흡중단과 동시에 사멸하게 된다. 그러나 일부 균들은 사후에도 상당기간 동안 인체 안팎에서 활동을 한다. 그래서 어떤 경우에는 사후에 더욱 활발해 지기도 한다. 그래서 제2의 감염이 있을 수도 있다. 그러기 때문에 유족들 및 다른 사람들을 위해서 특별한 위생적 조치가 필요하다.

(2) 자원봉사자의 응급조치
① 유족을 위로하고 연락을 필요로 하는 유족들에게 연락을 취하고 사망 여부의 재확인
② 집례자(목사), 전문 장의사에게 연락을 취함.
③ 간단한 수시작업(收屍作業)을 함

(3) 수시(收屍 : 시신을 바르고 깨끗하게 거두는 일)
① 위생 처리된 탈지면으로 입, 코, 귀 항문 등을 막는다.
② 시체가 굳기 전에 손, 발을 골고루 주물러 펴고, 탈지면으로 깨끗하게 닦아줌.

③ 탈지면과 백지(염습지)로 얼굴을 덮고 머리를 약간 높고 똑바르게 펴서 두 팔과 손바닥을 곧게 펴서 복부 위에 올려놓는다.

④ 남자의 경우는 왼손을 위로 하고, 여자는 오른손을 위로하며, 두 다리를 곧게 펴놓고, 두 발을 똑바로 모은다.

⑤ 상태를 바르게 보존하기 위하여 한지로 고정시킨다.

(4) 염사의 할 일

① 장의사는 경건한 자세로 시신을 확인하고, 사망원인과 전염성 질병을 점검한다.

② 시신 안치장소를 마련하고 설치방법을 확정한다.

③ 시신 안치장소의 난방을 차단하고 장의절차를 협의한다.

④ 수시상태를 재확인하고 필요한 부분을 보완한다.

⑤ 일반적으로 영구의 자리는 머리를 동편으로 하나 이에 구애된 없이 편한대로 함.

⑥ 일반적으로 향을 사용하나 이것도 시신이 부패되지 않는다면 생략할 수 있음.

⑦ 상주가 집례자와 협의할 내용

   가. 소렴, 대렴, 입관시간

   나. 발인시간

   다. 영구차

   라. 장지

   마. 산에서 작업할 내용

   바. 식사 접대방법(도시락 교섭 등)

사. 사망진단서

아. 매장, 화장, 승낙서

자. 자연사의 경우 인우보증서(진단서로 대체)

차. 사망신고서 등

(5) 염습 및 입관

① 별 문제 없는 한 3일장으로 하며 사망 24시간 후 염습 및 입관함이 보통 관례임.

② 염습에는 소렴과 대렴이 있으나 편의상 동시로 하며, 입관절차도 동시에 함.

③ 입관은 청결하게 한지를 깔고 정중히 하며, 부패 우려시는 밀가루, 양초 땜, 등으로 유출물 차단장치를 하고, 초석(시신이 움직이지 않게 함)을 사용하며, 관 뚜껑을 덮고 은정(나무 못)을 박고 결관을 함.

④ 입관시 유족들의 헌화를 하기도 하나 별다른 의미는 없으며, 결관은 소장 20자 또는 30자를 절잔으로 접어 전문가 2인이 양편에서 튼튼하게 결관함.

⑤ 관 위에 명정을 길이로 덮은 다음 관보를 씌움.

(6) 명정

망인의 명패로서 목 1.5자, 길이 7자 정도의 붉은 명주나 금포에 흰색으로 망인의 직분과 이름을 쓴다.

(7) 장례

대개 임종, 입관, 발인, 하관 등의 예배로 하나, 이 역시 식으로 함이 좋은 것임.

(8) 장의용품 내역
① 수시에 필요한 용품
  가. 소독 액(주로 알콜을 사용함)
  나. 탈지면
  다. 한지
  라. 칠성판
  마. 베게
  바. 받침대
  사. 사진 리본
  마. 향
  자. 홋이불
  아. 상가표시 대여품(병풍, 조등, 향로, 촛대)
② 염습시 용품
  가. 한지
  나. 소독 액
  다. 탈지면
  라. 갖은 수의(16개 품목) 또는 홋수의(6개 정도임) 소염에는 예서에
      서도 사자의 옷들 가운데서 적당한 것을 골라서 사용하였다고 한
      다. 그러므로 수의는 별다른 의미가 없으므로 평상복들 중에 선택
      하여 사용 가능함(특히 어린아이들이 보기에 친근감이 있어 좋음)
  마. 맷베

③ 입관시 용품

　가. 관

　나. 초석

　다. 한지

　라. 결관포

　마. 명정

　바. 관보

④ 입관 후 용품

　가. 상주 상복 착용(무리할 필요 없이 평상복도 무방함)

　나. 미성년 남자는 완장, 여자는 허리 띠 착용

　다. 남자 상주 및 일가친척들은 두건 사용

⑤ 발인 출상시

　가. 영구차 준비(대형, 중형, 기타)

　나. 횡대(하관시 사용), 명정, 한지 등

⑥ 수시, 대렴. 입관 등 인건비 : 수시 때 1인, 염습 및 입관 2인

⑦ 봉사료 문제

　가. 수시 소렴

　나. 염습 입관

　다. 영구차

　라. 산역시

⑧ 장의 비용

　가. 대부분 상가에서는 경험이 부족하다는 사실을 아는 일부 장의사
　　　등의 횡포

　나. 일부 장의업자는 낮은 비용을 제시한 다음 추가비용을 크게 하여

문제를 유발함.

다. 그러므로 평소에 양심적인 업체를 알아둘 필요가 있다.

⑨ 조문

가. 조문 : 부고를 받은 친척과 친지는 상주가 된 사람을 찾아가 위로함이 원칙이다. 이는 극히 친한 관계로서 장례를 직접 도와주는 입장이 아니면 염습을 마친 다음날 상주가 상복을 입은(成服) 후에 가는 것이 일반적인 관례임.

나. 방문예절 : 조문객은 먼저 조위록이 준비되어있을 경우 접대자에게 이름을 기록하고, 부조 금품이 있을 경우에 전대자에게 전한다. 상주가 조객을 맞는 곳에 들어가서 조용히 기도를 드린 후 상주에게 절하며 인사를 함.

다. 조객이 많은 경우에는 상주에게 하는 인사말을 생략하며, 조객들이 없을 때는 정중하게 인사말을 함.

라. 부조금품을 상주에게 직접 전하는 것은 큰 실례가 됨.

2) 조문 인사 예절

(1) 조문인사말

① 일반적 조문 인사 말

조문자 : (부모님)병환이 침중(沈重 : 병이 깊음)하시더니 상까지 당하셔서 얼마나 망극 하십니까?

답 : 망극하기 한이 없습니다.

답 : 그동안 슬하에서 봉양을 소홀히 한 것이 한이 됩니다.

조문자 : (부모님)대고(大故 : 부모님의 상)를 당하셔서 얼마나 망극
(罔極)하십니까?
답 : 망극하기 한이 없습니다.

이상에서 "망극하다."라는 말은 "임금이나 부모님의 은혜가 너무 커서 갚
을 길이 없다."는 말이므로 고치는 것이 좋을 것 같음.

조문자 : (부모님)병환이 심하셨는데 상까지 당하셨으니 슬픔이 크시
겠습니다.
답 : 죄송하기 한이 없습니다.

조문자 : (부모님)대고를 당하셔서 얼마나 상심이 되시겠습니까?
답 : 부끄럽기 한이 없습니다.

조문자 : (부인상)상주 드릴 말씀이 없습니다.
답 : (남편) 상봉하솔 (부모님을 모시고 자녀들을 거느림)에 앞이 캄
캄합니다.

조문자 : (남편상)천풍지통(임금, 아버지의 상을 당한 슬픔)이 오죽하
십니까?
답 : 저의 박복으로 아까운 장부가 요수(夭壽 : 일찍 죽음)한 것이 한
입니다.

조문자 : (자녀상)참척(慘慽 : 자녀나 손자가 아른들보다 먼저 죽음)
　　　을 보시니 얼마나 근심이 되십니까?
답 : 비침할 따름입니다.

② 기독교인의 조문 인사말

조문자 : (부모님)병환이 심하시더니 상까지 당하셨으니 위로드릴 말
　　　이 없습니다.
답 : 살아계실 때 더 편하게 모시지 못하여 부끄럽습니다.

조문자 : (부모님)대고를 당하셨으나 주님께서 위로해 주실 것을 믿습
　　　니다.
답 : 주님의 뜻을 이루신줄 압니다.

조문자 : (부모님)인간적으로는 슬프시겠으나, 주님께서 위로해 주실
　　　줄 압니다.
답 : 주님께서 영광 받으시는 일을 이루신 줄 압니다. 오히려 감사 드
　　　릴 일을 찾아야 한다고 생각합니다.

조문자 : (부부)상주 인간적으로는 위로를 드릴 말씀이 없습니다.
답 : (부부)살아갈 일이 캄캄하나 주님께서 새 힘을 주실 줄 압니다.

조문자 : (수하 상)얼마나 괴롭고 힘이 드시겠습니까?
답 : 주님께서 위로해 주시니, 오히려 감사를 드립니다.

(2) 문병인사

① 일반적 문병인사
    문 : (연장 자 또는 스승 등)환후(患候 : 어른의 병)가 좀 어떠하신지요?
    답 : 천골(賤骨 : 자신의 골격을 낮춤)이 늘 편하지 않습니다.

    문 : 침환(부모님의 병환을 당한 자에게)이시다니 얼마나 근심이 되십
       니까?
    답 : 시탕중(侍湯 : 부모님 병환에 약시중)이라 시더니 근일 어떠하십
       니까?
    답 : 근일 좀 차도가 있으십니다.

    문 : (부인 문병)내환(內患)이 있으시다 더니 좀 어떻습니까?
    답 : 내고가 있어 집안이 어수선합니다.

    문 : (자녀 문병)아환(兒患 : 어린아이의 병)이 있으시다 더니 얼마나
       걱정이 되십니까?
    답 : 요즈음은 조금 차도가 있어 잘 놀고 있습니다.

② 기독교 문병인사
    문 : (어른 또는 스승 당사자에게) 편치 않으시다 더니 좀 어떻습니까?
    답 : 견디기가 좀 힘들기는 해도 주님 안에서 다시 반성할 기회가 됩
       니다.

문 : (부모님의 병환을 당한 자에게) 부모님께서 병환 중이시다니 근심
   이 되시겠습니다.
답 : 그렇습니다만 차도가 없으시니 안타깝습니다.
답 : 근일 좀 차도가 있으셔서 감사를 드립니다.

문 : (부부 문병) ~께서 편치 않으시다 더니 좀 어떻습니까?
답 : ~의 병 때문에 집안이 어수선하나 함께 기도할 기회로 만들었습
   니다.

문 : (자녀 문병) 아환(兒患 : 어린아이의 병)이 있으시다더니 얼마나 걱
   정이 되십니까?
답 : 요즈음은 차도가 있어 잘 놀고 있어 감사를 드립니다.

제 2 부
크리스천의 사회 예절

제 5 장

성공하는 크리스천 직장 예절

"너희는 세상의 소금이니 소금이 만일 그 맛을 잃으면 무엇으로 짜게 하리요 후에는 아무 쓸데없어 다만 밖에 버리워 사람에게 밟힐 뿐이니라 너희는 세상의 빛이라 산 위에 있는 동네가 숨기우지 못할 것이요 사람이 등불을 켜서 말 아래 두지 아니하고 등경 위에 두나니 이러므로 집안 모든 사람에게 비취느니라 이같이 너희 빛을 사람 앞에 비취게 하여 저희로 너희 착한 행실을 보고 하늘에 계신 너희 아버지께 영광을 돌리게 하라" (마 5:13-16)

1. 근무 예절

1) 출퇴근시 예절

단정한 용모복장

활기찬 발걸음

생기 있는 밝은 표정

인사는 내가 먼저
철저한 시간관리
근무 시작전 업무 준비
업무 시간 끝난 뒤 정리정돈

"이 모든 일에 전심 전력하여 너희 진보를 모든 사람에게 나타나게 하라" (딤전 4:15)

(1) 출근

출근 시간이 즐거워야 그날 하루가 즐겁다. 그것은 자기 자신의 문제일 뿐 아니라 다른 사원에게도 영향을 준다는 점에 유의해야 한다.

집에서 나설 때 몸차림, 옷차림 등이 직장인으로서 어울리는가를 점검한다.

출근 시간에 지각만 안 하면 된다는 생각은 안 된다. 출근 시간은 업무개시 시간이지 직장에 도착하는 시간이 아니다. 늦어도 15분 전에는 근무처에 도착해 업무시간 개시 후에 근무준비를 하는 게으름을 피우지 말아야 한다.

출근 도중에 만나는 상급자, 동료, 하급자와 친절하게 인사를 나눈다. 언제든지 자기가 먼저 인사한다는 자세로 임해야 한다.

자기가 먼저 출근했더라도 늦게 도착하는 사람에게 내세우지 않는다. 겸손하고 공손하게 일어나 출근하는 상급자에게 인사하고 동료들과도 친절하게 인사한다.

자기가 도착했을 때 출근 시간 전이라도 상급자나 다른 직원이 먼저 나와 있으면 떳떳하게 굴지 말고 "안녕하세요 제가 늦었습니다"라고 사과스러운 인사를 한다.

근무복이 따로 있으면 시간 전에 바꾸어 입고 주변정리 등 근무 준비를 철저히 한다. 다른 사람의 준비도 자기가 해줄 수 있는 것이면 기쁜 마음으로 해준다.

자기가 사무실 청소 등을 맡았으면 다른 사람이 출근하기 전에 끝내서 수선을 떨지 않아야 한다.

만일 늦었더라도 "죄송합니다. 제가 늦었습니다"라고 말해야지 출근 도중에 있던 일로 변명하지 않는다. 그러나 상급자가 지각 이유를 물으면 자상하게 그 이유를 말한다. 어떤 경우라도 "나는 잘못이 없다" 라는 표정이나 자세는 금물이다.

청소나 주변정리의 책임을 맡은 사람이 따로 있을 경우 설사 잘못된 점이 있더라도 자기가 조용히 재정리한다. 남이 알도록 수선을 피워 다른 사람에게 피해가 되면 안될 것이다.

(2) 퇴근

퇴근은 하루의 근무를 마무리하는 것이다. 마지막 시간이라고 해서 아무렇게나 하면 끝맺음이 좋지 않은 것이 된다. 내일을 위한 오늘의 끝맺음을 예의 바르게 해야 할 것이다.

시간 전에 허둥대며 퇴근 준비를 해서는 안 된다. 퇴근 시간이 될 때까지 열심히 일하다가 시간이 된 다음에 준비를 해야 된다.

퇴근 시간이 되더라도 하던 일을 하고 퇴근한다. 오늘 하던 일을 내일로 미루고 퇴근에 바쁘면 시간 관념은 있는 것 같지만 일에 대한 의욕이나 책무감은 없어 보인다.

의자를 책상 밑으로 반듯하게 밀어 넣어 주변을 깔끔하게 정돈한다. 일거리를 책상 위에 늘어놓은 채로 퇴근하면 뒤가 지저분한 사람이 된다.

근무복과 실내화 등을 단정하게 갈무리하고 전등, 냉난방 장치, 환기 장치 등이 꺼졌는가 확인하고 창문 출입문 등을 단속한다.

남아서 일하는 사람이 있으면 아무리 퇴근할 시간이지만 미안한 마음으로 인사하고, "도와 드릴 일은 없습니까?"라고 청한다. 그래야 뒷모습이 아름답게 보여진다.

상급자, 동료, 하급자에게 하루의 수고를 위로하는 인사를 한다. "네 일은 네가 했고 내일은 내가 했는데 무슨 수고 !" 라는 태도는 이웃을 잃게된다.

자기는 일이 끝났다고 남의 일을 방해해서는 안 된다. 퇴근 시간이 되고 일이 끝났으면 정중히 인사하고 즉시 퇴근한다. 어떤 경우라도 남의 일에 지장을 주지 않는다.

몸차림과 옷차림은 출근 때만 중요한 것이 아니고 퇴근할 때도 중요하다. 옷 매무새를 단정히 하고 명랑한 기분으로 퇴근한다.

같은 사무실의 직원이 아닌 타부서의 직원이나 특히 경비, 수위, 잡역을 맡아서 퇴근 후까지 일하는 사람들에게 따뜻하게 "수고하세요"라는 인사말을 한다.

2) 근무중

여기에서 말하려는 근무자세란 실제로 근무할 때의 예절을 말한다.

근무장소의 주변과 비품, 소모품, 사무용 기구 등을 사용하도록 편리하도록 정돈해 바르게 한다. 주변을 지저분하게 해 놓으면 사람 자체가 지저분하고 나태해 보인다.

책상과 의자를 평행이 되게 반듯하게 놓고 엉덩이를 깊게 앉아 바른 자세로 집무한다. 의자가 비뚤어지게 놓이거나 불안정하게 앉으면 사람이 비뚤어지고 불안해 보인다.

업무 외에 잡담이나 하품, 기지개 등을 해서는 안 된다. 만일 피로하면 살며시 일어나 밖으로 나가서 바람을 쐬거나 도수체조 또는 세수를 해야지 자리에 앉은 채 피로한 기색을 하면 게을러 보인다.

업무시간에 업무 외의 책을 읽거나 업무가 아닌 다른 일을 하지 않는다. 비록 당면한 업무가 없더라도 업무의 능률이나 개선을 위해 연구 검토를 하는 것이 바람직하다.

상급자에게 할 말이 있거나 상급자의 말을 지명되어 들을 때는 자리에서 일어난다. 의자에 앉은 채 상급자와 대화하는 것은 상급자를 능멸하는 것이 된다.

다른 사원과 업무상의 상의를 할 때도 시끄럽지 않게 조용히 하며, 거리가 있는 사람과의 대화는 가까이에 가서 이야기한다. 관계없는 사람의 업무를 방해해서는 안 된다.

자리를 비우거나 외출할 때는 상급자에게 사전 승낙을 받아야 하고, 돌아와서는 반드시 보고한다. 상급자나 동료들이 업무상의 필요에 의해 자기를 찾아 헤매게 되거나 행방을 몰라 궁금히 여기면 이미 낙제점이다.

자기의 업무처리 관계로 다른 사람이 방해받지 않도록 세심한 배려를 한다. 자기의 일을 하면서 옆 사람의 책상을 침범하거나 신경을 쓰게 하면 남이 귀찮아한다.

근무장소는 자기의 사적(私的) 장소가 아니다. 혼자 전용하지 않고 남과 공용하며, 모든 집기나 사무용품들도 자기의 사물이 아니라 회사의 공용물이라는 마음가짐과 취급자세가 필요하다.

(1) 업무처리
목표를 정하고 계획적인 업무처리

긴급하고 소중한 일 우선 처리

주도적인 업무처리와 상호이익 추구

(2) 근무자세

무단 이석과 업무방해 금지

전화응대 5원칙 준수(장시간 사적 전화통화 지양)

보고일자는 예정보다 앞당겨서

항상 고객응대 하고 있다는 마음가짐과 몸가짐

팀원 모두 이미지 무드서비스

(3) 빌딩 내 (사무실, 복도 등) 행동예절

보행 시는 용모복장을 단정히 한다.

보행 시는 주머니에 손 넣지 않고, 껌씹지 않고, 담배 피우며 다니지 않는다.

만나는 사람마다 밝은 표정, 큰 목소리로, 내가 먼저 인사한다.

상사와 고객에게 통행을 양보한다.

의자에 앉아 있을 때도 상사나 고객을 만나면 자리에서 일어나 예의를 표한다.

복도를 통행 시는 좌측통행, 일렬종대를 원칙으로 하며 타인의 통행에 불편을 끼치지 않도록 주의한다.

(4) 엘리베이터 예절

상사나 고객에게는 순서를 양보한다.

엘리베이터 내에서는 잡담금지, 스킨십 금지, 주시를 금지한다.

엘리베이터 내에서는 가벼운 인사를 하고 벽에 부착된 글이나 층계표시 등에 주목한다.

(5) 휴식 · 점심 · 음료 등의 예절

직장예절은 근무할 때만 필요하고 휴식시간 등 근무 외의 시간이라고 아무렇게나 행동해도 되는 것은 아니다. 직장예절은 직장인의 신분을 가지고 있는 동안 몸을 떠나서는 안 된다.

정해진 휴식 시간이라고 해서 하던 일을 방치하면 안 된다. 진행중인 일은 그 단원을 맺은 다음에 휴식을 해야 한다.

자기가 휴식하기 위해 남의 일에 방해가 되어서는 안 된다. 자기가 하던 일을 끝맺는 것과 같이 남도 그렇다는 사실에 유의한다.

휴식이나 점심시간이 되기 전에 그 준비를 해서는 안 된다. 휴식시간이 근무를 위해 있는 것이지 근무시간이 휴식을 위해 있는 것은 아니다.

휴식이나 점심이 끝나고 다시 근무에 임할 때는 출근 시간과 같이 한다. 남이야 쉬었거나 점심을 걸렀거나 무관심하지 말고 상응한 인사를 하며 일체감이 무너지지 않게 한다.

휴식이나 점심시간에 자리를 뜰 때는 퇴근할 때와 같이 근무 주변을 정돈해야 한다. 일하다가 벌려 놓은 채 자리를 뜨면 업무의 기밀 누설 등도 있을 수 있다.

의자를 책상에 붙이거나 밑으로 넣어 단정하고 깔끔하게 정돈한다. 주변을 벌려 놓으면 정리감이 없어 보인다.

휴식이나 점심을 먹는 장소에서 상급자나 동료자의 예절도 근무중의 예절과 다름이 없다. 자유시간이니까 상관없다는 사고는 금물이다.

자기의 휴식을 위해 남의 휴식을 방해해서는 안 된다. 아무리 자유시간이라도 남의 권리를 침해해서는 안 된다.

휴식은 근무를 위해 있는 것이다. 어떤 경우라도 휴식이나 점심으로 인해 근무의 지장을 주어서는 아니 된다. 휴식이 근무보다 더욱 심신을 피로하게 하는 방법이라면 그것을 피해야 한다.

3) 신입사원으로서의 예절

신입사원 시절에 직장예절을 정립해야 그 기초가 오래도록 몸에 붙어 있을 것이다. 아직까지 배움의 도상에 있던 사람이 비로소 사회생활을 시작하며, 그것이 신입사원의 신분으로 출발된다는 데에 신입사원의 예절이 얼마나 중요한가를 알게 한다.

직장에 임하는 정신 자세를 바르게 정립해 확고한 신념을 가져야 한다. 정신자세의 확립은 직장인으로서 가치관을 정립한다는 기틀이 된다는 점에서 중요하다.

마음가짐, 몸차림, 옷차림, 몸가짐, 기거동작에 대해 빈틈없는 선지식이 필요하다. 직장인이 되기 이전부터 부단히 공부해서 자연스럽게 직장인다움을 지녀야 선배사원이나 상급자들에게서 첫인상을 좋게 받는다.

직장의 사업 취지와 목적, 역사와 전통, 조직과 분위기 등을 빨리 체득해 자기 체질화하는데 부지런해야 한다. 남보다 먼저 동질화되어야 직장에서의 위치가 생소하지 않고 수월해진다.

직근동료, 직속상급자와 빨리 낯을 익히고 기타 관계자의 직급 성명 등을 알아 인간관계에 서툴지 않게 해야 한다. 상대를 신속히 파악하는 일은 신입사원으로서 뿐만 아니라 사회생활을 원활하게 하는 첩경이다.

자기의 담당업무를 신속히 파악하고 관련업무를 이해하는데 최선을 다한

다. 근무기간으로는 신입사원이지만 업무파악이나 처무능률은 선배사원 못
잖게 한 사람의 몫을 하게 되는 것이다.

직장의 모든 규칙과 관습 등을 공부해 모든 것에 막힘이 없어야 한다. 적
어도 자기의 직장에서 신경역할을 하는 사규와 각종 제도 관습들을 알고 있
어야 그 직장인으로 자처할 수 있는 것이다.

직장의 거래선과 고객에 대해 필요한 정보를 신속히 체득해 생소함이 없
도록 대비한다. 관계되는 거래선이나 고객이 낯설거나 안심할 수 없으면 업
무 능력을 높일 수 없는 것이다.

모든 비품, 사무용품, 공구, 소모품, 자재 등을 파악해 절약하고 바르고
정결하게 사용할 줄 알아야 한다. 그 직장인이면서 손님같이 서툴고 생소하
면 어울리지 못한다.

모든 분야에서 하루 빨리 신입사원의 티를 벗도록 노력한다. 상급자나 동
료들도 항상 신입 사원으로 취급해 도와주거나 이해하려고 않는다. 생소하
고 서투름이 빨리 해소되어 기존 사원과 같이 수월하게 업무를 처리할 수
있도록 최대한의 노력을 기울인다.

4) 대외관계예절

직장인의 근무는 사내나 공장 내의 근무장소에서만 하는 것이 아니고 업
무상 출장이나 거래선 방문 등 사외 근무의 경우도 빠뜨릴 수 없다. 사외근
무의 경우는 자기의 말과 행동이 자기를 대표한다는 점에서 더욱 중요하다.

출장, 사외근무, 기타 업무상의 명령을 받은 때는 오해 착오가 생기지 않
도록 분명하게 인식한다. 그 요령은 자기에게 명령된 내용을 복창(復唱)한
다. 만일 문서로 명령을 받았을 때는 재삼 확인한다.

출장시 대상 거래선과 업무 내용에 대해 빠짐없이 점검해 사전지식을 챙긴다. 일단 외부에 나가면 상급자와의 빈번한 연락이 어렵다는 점을 주의한다.

필요 경비를 미리 지급 받았을 때는 업무내용, 행선지, 기간 등을 고려해 적정하게 신청한다. 지나치면 오해받고 너무 적으면 근심 받는다.

명령 자나 상급자에게 인사하고 출발한다. 언제 무슨 일로 어디로 가는지 분명해야 상급자가 궁금하지 않다. 비록 출장명령을 받았더라도 출발인사가 없으면 상급자는 궁금할 것이며 당부할 말을 못하는 경우도 있다.

사외 근무 중에도 명령을 기다리거나 궁금하지 않도록 중간보고를 하며 자기의 소재지를 연락한다. 명령을 받은 일에 예상외의 결과가 생기거나 명령내용의 변경 등을 점검하기 위해 필요한 사항이다.

외부 업무가 끝나면 즉시 귀사한다. 새로운 일을 위해서도 그렇고, 신속한 보고 또는 경비 절감을 위해서도 귀사가 빠를수록 좋은 것이다.

귀사 즉시 명령 자에게 보고하고 필요하면 서면으로 보고서를 작성한다. 사외근무는 상급자나 명령자의 감독권 내에서 근무하는 것이 아니고 독자적으로 근무하는 것이기 때문에 세밀하고 신속한 보고가 필요하다.

모든 경비를 실비에 의해 정산하며 지출명세와 영수증 등을 첨부한다. 적은 돈이라도 엄밀히 정산하는 버릇을 길러야 자기도 좋고 경리부서도 편리하며, 자상한 명세서가 있어야 다음 사람의 같은 종류의 사외근무에 자료가 된다.

사외근무나 출장을 빙자하여 자기의 통상업무를 지체하거나 남에게 미루지 않는다. 만일 남에게 미루게 되면 동료가 자기의 출장이나 사외근무를 탐탐치 않게 생각할 것이다.

2. 멋진 자세와 품위있는 동작

1) 직장인의 마음자세

(1) 대외적 역할
회사의 대리
회사 이미지 창조
회사 신용의 분담

(2) 내부적 역할
분담직무의 수행
상사에 대한 보좌
동료에 대한 협력
후배에 대한 지도
좋은 대인관계 조성

(3) 책임감 있는 일의 태도
정해진 것을 지킬 것
양심적으로 일할 것
일을 끝까지 해낼 것
스스로 자진해서 일할 것
일하는 방법(작업방법)을 창의 연구할 것

※ 책임감은 조직인의 기본정신

(4) 보좌의 자세

보좌를 하는데는 상사를 원조하는 자세로서가 아니고 상사의 배후에 있는 조직의 목표를 상사와 함께 자주적으로 성취하기 위한 노력, 즉 팔로우어쉽(Followership)이 중요하다.

담당업무를 숙지하고 최선을 다하라

공동의 목표에 공헌하라

상사의 입장에서 보좌하라

부서의 문제해결에 적극 협력하라

상사의 충고와 조언을 받아들여라

주체적 행동을 통해 상사를 움직여라

자기 성장을 꾀하는 기회가 되게 하라

(5) 보좌방법

정보의 제공

의견의 제시

상사의 역할 대행

자료의 준비

결과의 보고

2) 기본자세

(1) 서는 자세

① 여성

발을 V자 모양으로 하여 오른발을 약간 뒤로 뺀다.(11시 5분 방향)

무릎은 힘을 주어 붙인다.

배는 힘을 주어 앞으로 내밀지 않도록 한다.

등줄기는 곧게 편다.

가슴은 쭉 편다.

어깨는 힘을 빼어 내린다.

턱은 당긴다.

팔을 가볍게 굽혀서 오른손을 위로하여 왼손과 가볍게 포개어 준다.

미소지을 때는 입꼬리를 위쪽으로 향하여 윗니가 보이게 한다.

시선은 정면을 향하도록 한다.

전체적으로 천장에서 당기는 듯한 느낌이 들도록 한다.

② 남성

발끝을 V자 모양으로 조금 벌린다.(10시 10분 방향)

양손은 계란을 잡듯이 자연스럽게 쥔 주먹을 바지 옆선에 갔다 댄다.

(2) 앉는 자세

① 여성

상반신 자세는 서 있는 자세와 동일하다.

등줄기를 펴고 힙의 반만 걸터앉는다.

손은 허리와 무릎 중간에 가지런히 둔다.

무릎은 붙이고 뒷굽을 무릎보다 앞으로 내놓지 않는다.

※ 일어설 때 자세

양발을 가볍게 끌어당기며 재빨리 일어선다.

'네' 라는 대답은 한 옥타브 올려서 한다.

② 남성

상체를 펴고 깊게 앉되, 등받이에 기대지 않는다.

손은 엄지손가락이 들어가도록 가볍게 주먹 쥐어서 허리와 무릎 중간에 놓는다.

양발은 주먹하나 들어갈 정도로 벌리고, 뒷굽을 무릎보다 앞으로 내놓지 않는다.

뒷굽을 무릎보다 앞으로 내놓지 않는다.

(3) 걷는 자세

턱을 당기고, 나아갈 방향을 똑바로 본다.

가슴을 펴고, 등을 똑바로 세운다.

양손은 자연스럽게 내려 걸음에 맞추어 흔든다.

발을 끌어 당겨 옮기기에 적당한 속도로 걷는다.

한 줄의 선 위를 걷는 것처럼 걷는다.

3. 세련된 용모복장

1) 남성용모

(1) 두발

두발은 귀가 보이는 형태로 짧고 깨끗하게 손질한다.

머리 기름이나 무스를 사용하여 앞머리가 흘러내리지 않도록 하는 것이 좋다.

지나치게 유행을 따르는 머리형은 삼간다.

매일 머리를 감아서 청결을 유지하도록 하고, 항상 단정히 빗는다.

(2) 얼굴

수염은 매일 깨끗하게 면도하도록 하고, 길게 자란 코털은 깨끗하게 정리하여 지저분해 보이지 않도록 한다.

너무 향이 진하지 않은 것으로 스킨이나 로션을 발라주어 상쾌한 느낌을 유지하도록 한다.

(3) 유니폼

드레스 셔츠 : 지정된 색상에 한하여 착용하며, 목 부분과 소매가 항상 깨끗하여야 한다.

넥타이 : 넥타이의 매듭이 똑바른지 항상 유의하고, 길이는 적당하게 맨다.

재킷 : TWO-Button의 경우 단추는 하나만 채운다.

바지 : 무릎부위가 나오지 않도록 주의하고 자주 다려 입는다.

양말 : 양말은 흰색양말을 착용하지 않도록 하며, 양복이나 구두 색상과 같은 계열로 착용한다.

(4) 손

손은 항상 청결하게 한다.

손톱은 항상 청결하고 짧게 유지한다.

(5) 구두

구두의 색상은 검은 색(가급적 유니폼과 같은 계열)으로 신도록 한다.

캐주얼화는 피한다.

뒷굽이 닳은 것은 수선하여 착용토록 하고, 매일 닦아 윤기가 나도록 한다.

슬리퍼는 신지 않는다.

(6) 액세서리

지정된 명찰과 뺏지는 정위치에 부착한다.

시계와 반지 1개 정도가 적당하다.

안경 착용시 지나치게 색깔이 들어 있거나 너무 유행을 따르는 디자인은 피한다.

멜빵을 했을 때는 벨트를 매지 않는다

2) 여성의 용모

(1) 화장

자연스러운 화장이 기본

피부 화장

눈 화장

눈썹

입술 화장

볼 화장

(2) 두발

머리는 항상 단정하고 깨끗하게 유지한다.

뒷머리 길이는 가능한 유니폼 깃에 닿지 않는 길이를 유지,손질한다.

자주 사용하는 동작을 할 때 앞, 옆머리가 흘러내리지 않도록 고정하고,

특히 앞머리는 눈을 가리지 않도록 한다.

머리모양을 단정히 하기 위해 GEL이나 SPRAY는 적당히 사용 한다.

핀, 머리 그물망, 리본 등을 사용하여 머리모양을 단정하게 한다.

크고 화려하거나, 칼라가 있는 핀의 사용을 피한다.

> ※ 근무시 어울리지 않는 머리모양
> 전혀 손질이 안된 파마머리
> 너무 첨단 유행을 따르는 머리
> 지나치게 염색한 머리
> 앞머리가 눈썹 아래로 내려오거나 옆머리가 눈이나 얼굴을 가리는 머리

(3) 구강/손

근무전 반드시 입냄새 제거 등을 하고 구강 상태를 점검한다.

식사 후에는 반드시 양치질을 한다.

손톱은 항상 청결하고, 짧게 유지한다.

손을 자주 닦아 청결하게 하고, 닦은 후에는 스킨 로션을 사용하도록 한다.

매니큐어는 완전한 상태여야 하며, 색깔은 자연스러운 색으로 한다.

(4) 유니폼

유니폼을 깨끗이 세탁한 후 다림질하여 착용한다.

스커트 및 블라우스 솔기에 실밥이 나오지 않도록 주의한다.

직원 상호간에 본인이 보지 못하는 부분을 보완해 준다.

너무 크거나 작을 경우 수선하여 입는다.

(5) 양말

스타킹은 커피색, 살색 등 자연스러운 색상을 사용한다.

여분의 스타킹을 반드시 준비한다.

(6) 액세서리

지정된 명찰과 뺏지는 정위치에 부착한다.

지나친 악세사리 착용은 삼가며 시계, 반지 1개, 귀걸이 1세트가 적당하다.

귀걸이는 늘어지지 않는 부착형이 어울린다.

(7) 구두

뒷굽이 닳거나 벗겨진 것은 수선하여 신도록 한다.

구겨 신지 않도록 한다.

항상 청결함을 유지하도록 한다.

슬리퍼는 신지 않는다.

4. 호감 받는 표정연출

① 표정은 마음의 창이며 심정의 분화구이다.

② 표정은 마음의 거울이므로 표정을 보면 그 사람의 마음을 읽을 수 있는 것이다.

③ 호감 주는 표정관리를 위해서는 눈은 곱게 뜨고 시선은 단정하고 밝은 눈빛으로, 얼굴전체가 밝고 온화한 모습, 얼굴 색으로 마음을 보이고 눈빛으로 말하는 표정, 뒤돌아 서는 뒷모습도 웃고 있는 모습이어야 한다.

5. 친절한 전화응대

1) 전화예절의 중요성

(1) 전화예절이란?

오늘날 우리 생활에서 전화는 없어서는 안될 물건이고 특히 비즈니스 사회에서 전화의 가치와 효용은 절대적이다. "전화는 회사의 얼굴이다"라고 할 수 있으므로 전화응대 방법에 따라 회사의 이미지가 좌우되므로 좋은 응대를 하기 위해서는 자세를 바르게 하고 언어 이상의 따뜻한 마음의 뜻을 상대방에게 전달하는 것이라 할 수 있다.

(2) 전화기의 5대 역할
* 하나의 회사
* 대표자의 얼굴
* 행정의 제일선
* 고개만족
* 기업 PR과 세일즈

(3) 전화고객의 3대 특성
* 얼굴이 보이지 않는다
* 예고없이 찾아 온다
* 귀로서 의사결정한다

(4) 전화의 업무능력
* 시간의 효율화
* 행동의 능률화
* 경비의 절감화
* 의사 전달화
* 정보의 효율화

2) 친절한 전화응대 요령

(1) 전화예절의 3원칙
* 감사합니다(THANK YOU)
* ~해 주시겠습니까? (PLEASE)

- 죄송합니다만(EXCUSE ME)

(2) 전화응대의 5원칙
- 신속
- 정확
- 간단
- 정중
- 미소

(3) 전화 받을 때의 요령
- 벨이 울리면 즉시 받는다.
- 왼손으로 받고 오른손으로 메모한다.
- 인사말과 함께 소속 부서와 자신의 이름을 밝힌다.
  "감사합니다. ○○○회사 ○○○팀 ○○○입니다."
  "늦어서 죄송합니다.", "○○○회사 ○○○팀 ○○○입니다."
- 상대방을 확인한다.
- 5W 2H에 의해 용건을 확인한다.
  - 전화를 받았을 경우에는 상대방과 용건을 정확히 확인하고 메모하는
    습관을 길러야 한다.
  - 상대방이 자신을 밝히지 않을 경우 "실례지만 누구이신지요?"라고
    확인하여야 한다. 확인하지 않을 경우 상대방으로 하여금 상식없는
    사람으로 오해받기 쉽다.
- 중요한 내용은 복창하고 상대방에게 확인한다.
- 전화를 받을 사람이 통화중일 때에 급한일이면 메모한다.

- "○○○는 통화중인데 잠시 기다려 주시겠습니까?" 기다리는 시간
  이 30초이상 경과시 "○○○의 통화가 길어질 것 같은데 메모를 남
  겨 드리겠습니다."라고 하며 상대방에게 알려준다.
- 메모 후 자기 신분을 밝혀준다.
• 전화를 받을 사람이 자리에 없을 때 상황에 맞게 처리한다.
  - "○○○는 지금 자리에 없습니다. 용건을 일러주십시오."
  - "약 3시 경에 돌아올거라 생각합니다. 돌아오는데로 전화를 걸도록
    하겠습니다."
  - 일러준 시간에 돌아오지 않은 경우 상대방에게 늦어지는 사실을 전
    화로 알려준다.
• 전화 통화중에 다른 사람과 상의할 일이 발생하면 상대방에게 들리지
  않도록 한다.
• 전화를 끊을 때 반드시 끝맺음 인사를 한다.
• 상대가 먼저 끊은걸 확인하고 끊어야 한다.

(4) 전화를 걸때의 요령

• 상대방의 전화번호, 이름, 소속, 용건을 미리 확인한다.
• 상대방이 수화기를 들면 인사를 하고 자기의 소속과 이름을 밝힌다.
• 상대방을 확인하고 지명인을 찾는다.
  -원하는 상대방이 부재시 "죄송합니다만 ○○○에게 메모를 부탁합니
   다"라고 정중히 부탁한다.
  - 전화 송수신 상태가 불량시 그 사정을 말한다.
• 요점을 확인한다.
• 전화를 끊을 때 반드시 끝맺음 인사를 한다.

• 상대방이 끊는걸 확인하고 끊는다.

(5) 기분좋게 전화로 응대하는 마음가짐
• 말은 언제나, 누구에게나 정중하게 한다.
• 수화기를 들면 곧 이름을 댄다.
• 전화기 앞에서 좋은 표정과 바른 자세를 갖춘다.
• 상대방을 기다리게 할 때는 수화기를 놓는 것에 조심하고 불필요한 말은 하지 않는다.
• 통화시 손님이 방문하면 손님을 우선 배려한다.
• 상대가 몇 번이고 같은 말을 되풀이하게 하지 않는다.
• 음성의 크기와 높이는 적절히 한다.
• 통화시 모든 사람을 집중한다.

(6) 전화 응대시 기본 화법

상 황	화 법
전화를 받았을 때	감사합니다. ~회사 ~(성명)입니다.
기다리게 할 때	죄송합니다. 잠시 기다려 주시겠습니까?
기다리고 난 후	오래 기다리게 해서 죄송합니다.
물어볼 때	죄송합니다만, ~입니까?
용무처리가 되었을 때	예, 알겠습니다.
용무처리가 안되었을 때	죄송합니다만,
부탁이나 의뢰할 때	죄송합니다만, ~해 주시겠습니까?
다시 물어볼 때	한번 더 말씀해 주시겠습니까?
담당자를 바꿔줄 때	담당자를 바꿔드리겠습니다.
찾는 사람이 없을 때	지금 자리에 안계신데 괜찮으시다면 제가 전해드리겠습니다.
마침인사	잘 알겠습니다. 감사합니다. 안녕히 계십시요.

(7) 기분좋게 전화로 응대하는 마음가짐

- 말은 언제나, 누구에게나 정중하게 한다.
- 수화기를 들면 곧 이름을 댄다.
- 전화기 앞에서 좋은 표정과 바른 자세를 갖춘다.
- 상대방을 기다리게 할 때는 수화기를 놓는 것에 조심하고 불필요한 말은 하지 않는다.
- 통화시 손님이 방문하면 손님을 우선 배려한다.
- 상대가 몇 번이고 같은 말을 되풀이하게 하지 않는다.
- 음성의 크기와 높이는 적절히 한다.

- 통화시 모든 사람을 집중한다.

(8) 고객 불만 전화를 받는 방법

불만 전화에 대한 응대 잘못으로 회사 이미지를 악화시키는 예가 많다. 업무의 분담 등으로 전후의 사정을 잘 모른다면 더욱 신중히 대처하여야 한다.그러므로 화가 나있는 고객이 냉정해질 수 있도록 "죄송합니다"라는 한 마디가 중요하다. 선입관으로 응대한다던지 사무적으로 처리하면 반드시 반발을 사게되며, 고객에게 부당성을 지적하려고 하는 응대는 고객을 더욱 화나게 한다.

- 먼저 사과를 한다.
- 고객의 감정을 상하게 하지 않도록 불만내용을 끝까지 참고 듣는다.
- 진실을 확인하고 변명하지 않으며 불만사항에 대하여 정중히 사과한다.
- 불만의 원인을 조사한다.
- 최선의 해결책을 제안한다.
- 그래도 설득이 안 될 때는 사람과 장소를 바꾼다.
- 책임감을 갖고 전화를 받은 사람의 이름을 밝혀 고객을 안심시키고 끝으로 한 번 더 사과하는 말을 한다.

(9) 주의해야 할 전화예절

- 잘못 걸려온 전화일수록 친절히 받는다.
- 사적인 통화인 경우 짧게 통화한다.
- 전화를 빌려쓰는 경우 가능한 한 짧게 통화하고 길어질 경우 상대방에

게 전화를 부탁한다.

- 전화기의 감도는 예민하므로 사방 4미터 이내의 소리는 그대로 상대방에게 전해지므로 주의한다.
- 비밀스러운 이야기나 부탁이나 오해를 풀어야 할 경우 가능한 만나서 처리한다.

(10) 휴대폰 사용예절

- 의식행사, 회의, 고객응대 등 중요장소에서는 타인에게 방해가 되지 않도록 전원을 끈다.
- 항공기 내에서는 전파방해가 되므로 전원을 끄고 사용을 중단한다.
- 휴대폰 통화시는 반드시 타인에게 방해가 되지 않는 장소를 이용한다.
- 운전중 휴대폰 사용은 사고원인이 되므로 가급적 사용을 삼간다.
- 휴대폰 연결상태가 불량시 상대방에게 사정을 알리고 다시 연결한다.
- 휴대폰은 타인에게 노출되지 않도록 보관하고 통화시는 용건만 간단히 통화한다.
- 휴대폰 밧데리는 완전소모된 후 재충전하여 수명을 연장시킨다.
- 휴대폰을 들고 보행하면서 통화하는 것은 결례이다.

※ 전화응대 13단계

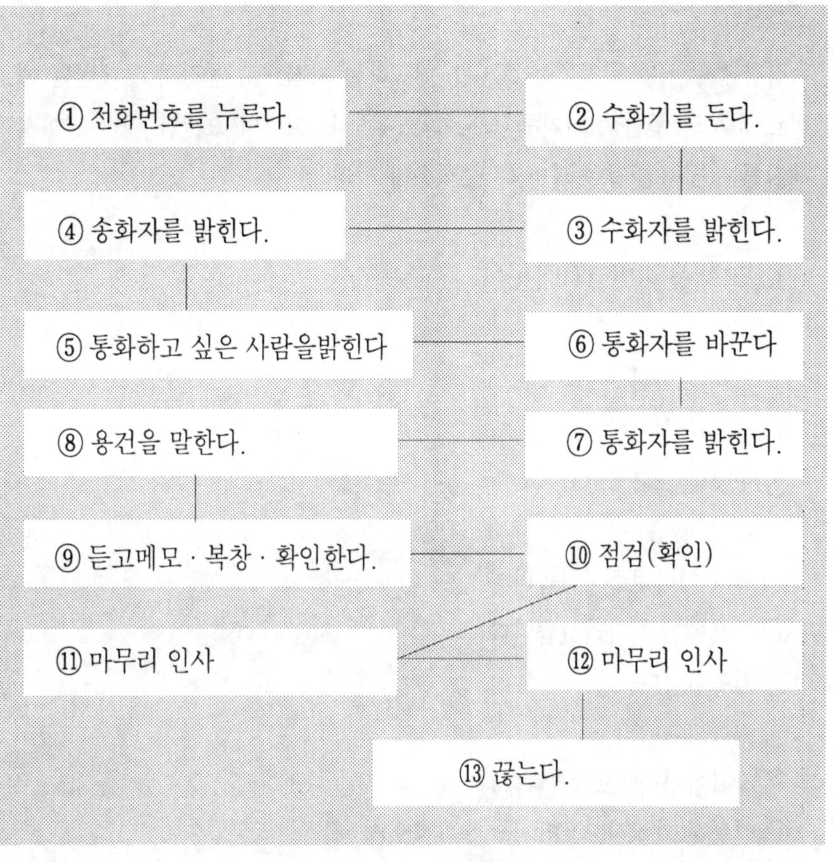

① 전화번호를 누른다.
② 수화기를 든다.
④ 송화자를 밝힌다.
③ 수화자를 밝힌다.
⑤ 통화하고 싶은 사람을밝힌다
⑥ 통화자를 바꾼다
⑧ 용건을 말한다.
⑦ 통화자를 밝힌다.
⑨ 듣고메모 · 복창 · 확인한다.
⑩ 점검(확인)
⑪ 마무리 인사
⑫ 마무리 인사
⑬ 끊는다.

6. 고객 감동 응대 예절의 기본

직장에서는 고객 접대는 회사를 대표하는 자격으로 친절하고 세련된 매너로 회사의 좋은 이미지를 심도록 노력한다. 고객의 요구를 미리 알아서 해결하는 것이 진정한 의미의 '고객응대' 이다.

1) 고객응대의 10대용어

① 어서 오십시오.
② 안녕하십니까?
③ 무엇을 도와드릴까요?
④ 네, 알겠습니다.
⑤ 잠시 기다려주시겠습니까?
⑥ 오랫동안 기다리셨습니다.
⑦ 죄송합니다.
⑧ 죄송합니다만 ……
⑨ 감사합니다.(고맙습니다)
⑩ 안녕히 가십시오.(또 들려주십시오)

2) 감동 주는 고객응대

밝은 표정으로 일어서서 인사하고
정감 어린 눈빛으로 상대를 바라보며
밝고 환한 미소를 띠고

고객이 기다리지 않게 신속히 업무처리

3) 고객감동서비스

고객이 묻거나 기다리기 전에 자발적으로
호감과 기쁨을 주고 고마움을 느끼게 하며
고객의 이익을 최우선으로 하는 가치 있는 행동

4) 진실의 순간 (MOT : Moment of Truth)

고객과의 접점이 있는 사원각자는 회사의 얼굴이며 대표자이다.
고객은 비록 작은 일일지라도 진실 되고 정성어린 나의 모습에
마음의 문을 열고 우리회사 전체를 좋게 평가한다.
고객을 순간에 감동시켜야 한다.

* 최일선에 있는 사원은 최초 15분 동안 고객응대태도가 회사의 전체 이미지를 결정한다. -Jan Carlson-

5) 고객을 잃은 이유

사망(1%) 이동(3%) 변화(5%) 경쟁(9%) 제품(14%) 태도(68%)

7. 상황별 응대 예절

▶ 사무실에서 유난히 크게 떠드는 사원에 대한 조언 방법은 ?

업무를 하다 보면 본의 아니게 크게 이야기하는 경우가 생긴다. 전화 통화시 잘 안 들린다거나 업무상 문제가 생겨 감정이 격해진다거나 원래부터 목소리가 크다거나 하는 등의 많은 경우가 생기는데 일단은 이야기하는 사원 개개인이 항상 주의를 염두에 두고 동료 사원의 업무에 방해가 되지 않도록 조용히 이야기하는 습관을 갖는 것이 좋다. 그러나 항상 유난스럽게 크게 이야기하는 사원이 있다면 지적을 해줄 필요가 있는데 그 자리에서 조용히 하라고 무안을 주기보다는 조용한 자리에서 서로 기분이 상하지 않도록 이야기하되 우회적인 방법을 사용하여 본인을 깨닫게 하는 것이 좋으며 이 경우 대개 본인이 크게 이야기하는지 모르는 경우가 많다. 사무실 내에서는 수많은 전화 통화, 업무 이야기, 기타 PC 등의 사무 기기 소리 등 소음공해에 시달리고 있다고 해도 과언은 아닌데 전 사원들이 조금씩 주의하면 더 쾌적하고 조용한 분위기에서 업무를 할 수 있을 것이다.

▶ 회의석상에서 이석해야 할 경우는

회의가 진행중일 때에는 가급적 이석하지 않는 것이 좋고 중요한 업무나 긴급히 처리해야 할 일은 회의 시작 전에 마무리하여 회의에 방해가 되지 않도록 사전 준비를 해야 한다. 그렇게 함으로써 효율적인 회의가 진행될 수 있기 때문이다. 그러나 경우에 따라서는 급한 상황이 벌어지거나 일이 생겨 불가피하게 나가야 할 경우가 있는데 이럴 경우는 회의에 방해가 되지 않도록 조용히 나가면 된다. 한번 나가면 일을 정리하고 다시 되돌아 와서 착석해도 되지만 일이 끝나지 않은 상태에서 들어왔다 나갔다 하는 것은 실례가 되기 때문에 이석은 회의 진행이 원활히 진행될 수 있는 한도 내에서 행하는 것이 좋다.

▶ 출·퇴근시의 인사는 어떻게 해야 하고 어떤 표현을 써야 하는지 ?

인사는 돈이 들지 않는 투자이고 나를 깊이 심는 것이므로 자신과 상대를 위하는 마음으로 해야 하며 이를 습관화해야 한다. 출근시 밝고 명랑하게 "안녕하십니까?"라고 인사를 한다면 사무실 분위기는 물론 일하는데 활력소가 될 수 있고, 퇴근시에도 부서에 일이 많아 다른 동료들이 퇴근을 못할 경우 동료애를 발휘하여 도울 수 있는 업무는 도와주는 것이 좋지만, 그렇지 않을 때는 자신의 일을 다 마치고 퇴근하는 것이니 만큼 자신있게 남은 동료들에게 "먼저 나가겠습니다"라고 인사를 하는 습관을 가지는 것이 좋다. 인사를 할 경우에는 언제나 마음속에서 우러나오는 감정과 겉으로 드러나는 형식이 복합되어 상대방에게 전달되기 때문에 인사는 언제나 명랑하고 밝은 미소를 지으며 간단한 인사말을 곁들일 때 상대방에게 더욱 좋은 이미지와 진심을 전달할 수 있는 것이다.

▶ 담당자와 통화를 원했는데 부서장이 직접 전화를 받았을 때에는?

일을 처리하다 보면 급하게 담당자를 찾아서 문의할 상황이 발생하곤 한다. 그래서 전화를 걸게 되는데 공교롭게도 담당자가 없고 부서장이 받는 경우가 있는데 이 경우에 당황하게 되는 경우가 있다. 담당자와 통화를 원했으나 부서장이 받았을 때는 주춤거리면서 당황하지 말고 정확히 용건을 말하는 것이 좋다. 물론 자세한 것까지는 이야기 할 필요는 없지만 "안녕하십니까? ○○부 ○○입니다. ○○건 때문에 담당 사원과 통화를 원했는데 ○○님께서 받으셨군요, 죄송합니다만 ○○씨가 있으면 바꾸어 주시겠습니까?" 등과 같이 말을 하면 되고 만약 담당 사원이 없다고 하면 "조금 후에 다시 전화를 하겠습니다."라고 말하고 전화를 끊으면 된다.

▶ 본인을 밝히지 않고 상사와의 통화를 요구할 때는?

만약 어떤 사람이 전화를 걸었을 경우 "어느 분이라고 전해 드릴까요?"라고 했을 때 "저는 ○○○ 이라고 합니다."는 식으로 본인을 밝힌다면 전혀 문제가 되지 않겠지만 "아 잘 아는 사이요, 그냥 좀 바꾸어 주시요" 등으로 끝까지 자신을 밝히지 않는 사람이 종종 있다. 이럴 경우에는 "지금 계시지 않습니다. 어느 분이라고 할까요?"라고 다시 한번 문의하고 "그럼 다음에 다시 걸죠"라는 식으로 상대방이 말을 맺는다면 전화를 끊고 더 이상 신경 쓰지 않아도 무방하다. 왜냐하면 전화로 찾는 사람이 아주 가까운 사이이거나 중요한 용건인 경우에는 자신의 신원을 밝힐 것이기 때문이다. 이름을 밝히지 않는 사람은 그저 안부 정도의 전화를 건 경우가 대부분이고 이럴 경우에는 일일이 상사와 연결시킬 필요는 없다.

▶ 전화 통화시 자신을 밝히지 않고 반말로 하는 경우는?

전화 통화시에는 간부, 사원을 불문하고 본인의 소속과 성명을 밝히는 것이 좋다. 또한 간부라고 해서 말을 함부로 하거나 서로 잘 모르고 있다고 해서 반말 등을 해서는 절대로 해서는 안 된다. 급한 용무일수록 자신의 신분을 밝히고 처리하면 더 빨리 처리할 수 있는 것이다. 그러나 상대가 신분을 밝히지 않을 경우에는 정중하게 1-2회 정도 상대를 확인 해 보고 상대방이 말을 함부로 한다고 해서 결코 같이 흥분해서는 안되고 그럴 때일수록 상대방의 인격을 존중해 주면서 말을 한다면 상대방은 자신의 잘못된 점을 고칠 수 있을 것이다. 전화 응대 하나도 전화로 응대할 때는 서로 상대의 얼굴이 보이지 않기 때문에 '말' 이 중심이 되고 또 말로만 하기 때문에 서로 오해가 생기기도 쉽다. 따라서 전화 통화를 할 때는 더욱 신중을 기할 필요가 있다.

▶ 방문객이 찾는 사원이 계속 이석 중인 경우에는

'손님은 왕이다' 는 표현을 굳이 빌리지 않더라도 이석 중인 동료를 찾아온 방문객에게 어떤 경우에도 결례를 하여서는 안 된다. 특히 방문객이 회사의 고객일 경우에는 더더욱 한치의 소홀함도 있어서는 안될 것이다. 우선 방문객을 응접실 또는 적당한 장소로 적당히 안내한 후 이석 중인 사원이 사내에 가까이 있는 경우에는 곧바로 연락을 취해 주어야 하며 담당사원이 업무상 외출하였을 경우에는 방문객에게 담당사원의 부재이유를 밝히고 귀사시간을 알려주는 것이 좋다.

필요할 경우 다른 사람이면 어떻겠냐고 묻고 괜찮다면 다시 응대를 하도록 하여도 무방할 것이나 용건이 긴급하고 중요하다고 판단될 경우에는 담당사원이 있는 곳에 연락을 취해 바로 연결되도록 해야 한다.

▶ 상사에게 불청객이 방문했을 경우에는?

상사에게 찾아오는 손님이 항상 반가운 경우만 있는 것은 아니다. 따라서 불청객이 찾아와 상사가 만나기를 원치 않을 경우가 발생하기도 하는데 상사가 만날 사람과 만나지 않을 사람을 미리 알아두면 좋겠지만, 사전에 손님을 응접실에 안내했으나 상사가 만나지 않겠다고 했을 경우에는 "죄송합니다. ○○님이 만나지 않겠다고 합니다."라고 말할 수 없는 것이다. 이럴 경우에는 "대단히 미안합니다. 사실은 조금 전에 갑작스런 회의가 소집되어 ○○님도 참석하셨는데, 제가 확인을 하지 않은 채 안내를 하고 말았습니다. 회의 도중에 나올 수도 없고, 시간이 오래 걸릴 것 같으니 나중에 제가 전화를 하도록 하면 안되겠습니까?" 하고 정중히 말하는 것이 좋을 것이다.

▶ 상사나 동료의 가족에 대한 호칭은?

상사나 동료 및 후배의 부모님에 대한 호칭은 "어른" 또는 "어르신"이라고 부르는 것이 무난하며, 자녀의 경우에는 "○○는 참 씩씩하구나"라는 등으로 이름을 불러주면서 간단한 칭찬의 말을 나누면 친근감을 더 할 수 있을 것이다. "애 너 참 예쁘구나"라는 식의 "애"라는 호칭은 아이들이 싫어하고 어감도 좋지 않으므로 삼가는 것이 좋고, 상사의 부인에 대한 호칭은 사회에서 널리 통용되고 있는 "사모님"이라는 호칭을 쓰는 것이 가장 무난하며, 상사의 나이가 자신보다 어릴 때에도 "사모님"이라는 호칭을 쓰는 것이 좋다. 동료나 후배의 부인에 대한 호칭으로는 일반적으로 "아주머님"이라고 부르는 것이 적절하며 가족 앞에서 동료나 후배를 무시하거나 면박을 주는 행동은 삼가고, '자네', '너' 등의 호칭보다는 'ㅇ형' 또는 'ㅇ대리'라고 부르는 것이 좋다.

특히 가족 앞에서 동료나 후배를 가볍게 칭찬하는 한 두 마디의 말은 서로를 존중하고 위해주는 인간관계의 형성에 도움이 될 수 있을 것이다.

▶ 사무실내에서 **조촐한 파티는 가능한지?**

사무실은 많은 사원들이 모여서 일을 하는 장소이기에 다른 동료들에게 본의 아니게 방해가 되는 행동을 하지 않는 것이 좋고 사무실 내에서는 조촐하고 간단한 것이라도 파티 등은 하지 않는 것이 좋다. 사무실내에서 너무 떠든다든가 음식이나 과자 등을 갖다 놓고 먹는다든가 하는 것은 보기에도 어색할뿐더러 업무에도 방해가 될 수 있기 때문이다.

그러나 부서에서 중요한 행사 등이 있어서 불가피하게 부서 파티를 해야 할 경우가 생겼을 때는 회의실 등을 빌려서 사용토록 하고, 부득이하게 회의실 등을 빌리지 못해 사무실을 이용할 경우에는 근무시간 이후를 이용하여 근무하고 있는 동료들이 방해를 받지 않도록 조용하게 짧은 시간 내에 끝내는 것이 좋다.

▶ 상사보다 부하사원이 경력이 많고 연장자일 때 상사에게 쓰는 존칭 수준은?

어느 조직에서든 위계질서가 있게 마련이고 하나의 조직이 형성되고 난 후 그 조직의 위계질서가 와해되면 그 조직은 제 기능을 발휘할 수 없다고 본다. 군대가 특별히 엄정한 위계질서나 명령계통을 요구하는 것은 군대만이 지닌 목적이나 성격에 따른 것이지만 사회의 조직에서도 그 조직 목적을 달성하기 위해 전 조직원이 일사불란하게 움직일 수 있는 질서가 있어야 한다.

비록 부하직원이 상사보다 회사경력이 많고 연장자라 할지라도 그 조직의 질서에 따라 상사에게는 상사로서의 예우를 해주어야 한다. 조직은 한사람이 모인 곳이 아니고 다수의 사람이 모여서 일하는 곳인 만큼 전체조직을 생각해서 일하는 것이 좋다. 일과가 끝난 후에도 상사가 자기보다 연장자인 부하사원에게 적당한 선에서 경력과 연륜을 인정해 주면서 동기부여를 할 수 있다면 조직은 상하간의 질서를 유지하면서 더욱 좋은 분위기를 만들 수 있다.

▶ 대화를 할 때 일반적으로 유의할 사항은

여러 사람이 모인 자리에서는 되도록 개인적인 이야기는 하지 말고, 특정인을 비방하거나 험담을 하는 일이 없도록 해야 한다. 잘 모르는 소문에 대한 이야기나 오해를 불러일으키는 화재를 함부로 이야기하지 않도록 하며 특히 정치나 종교에 관해 개인적인 견해를 주장하는 것을 피하도록 한다.

즐거운 시간에 침울한 화제를 함부로 이야기하지 않도록 하며, 화제를 잘 선택하도록 해야 한다.

식사를 하는 자리에서는 불결한 이야기를 삼가고 음식에 관한 불평도 해서는 안된다. 자기만 아는 일에 대해 너무 오래 이야기하지 않도록 하며 또한 자기 가족이나 자신에 대한 자랑을 하는 일은 실례가 된다. 저속한 말이나 유행어를 사용하지 않도록 하며 절친한 사이가 아닐 때는 지나친 익살이나 코미디 같은 언행을 하지 않아야 할 것이다.

▶ 늦게 입사했으나 연장자일 때의 적절한 호칭은?

비록 연장자이거나 학교선배이지만 여러 가지 사정으로 인해 회사에 늦게 입사한 경우 회사에는 조직으로서의 질서가 있으므로 직장선후배의 관계가 성립된다. 비록 갓 들어온 사원이 기존의 근무하고 있는 사원보다 나이가 많더라도 후배사원인 만큼 다른 후배사원들처럼 대하면 좋을 것이며 나이가 많다고 특별히 관심을 가진다거나 대하는데 어려워한다면 본인에게 오히려 부담만 가중시킬 수 있기 때문에 우리가 회사에서 흔히 쓰는 "ㅇ ㅇ씨" 라고 부르는 것이 무난하다고 보며 공과 사를 적절히 구분하여 서로 예의를 지켜 처신한다면 좋을 것이다.

▶ 호칭 중 어떤 경우 님자를 붙일 수 있는지?

상사를 직접 대할 경우에는 '사장님', '전무님', '부장님', '과장님' 등으로 부르는 것이 좋으며 나이가 훨씬 적거나 학교 후배 또는 입사 후배이지만 상사인 경우는 공석에서 깍듯이 예우를 하는 것이 당연하지만 상사보다 나이가 훨씬 많거나 친족 항렬에서 윗항렬일 경우 및 외부 인사 등에서 자신의 상사를 말할 때는 반드시 '님' 자를 빼고 저희 'ㅇ사장께서', 'ㅇ전무께서' 등으로 '님' 자를 빼고 말해야 한다.

뿐만 아니라 대화하고 있는 상사보다 직급이 낮은 경우를 지칭할 때도 'ㅇ상무가', 'ㅇ 부장' 등으로 '님' 자를 빼고 존경어를 사용하지 말아야 한다.

한편 부장이나 과장등이 '장(長)' 자에는 이미 경의가 담겨 있으므로 제3자에게 이야기 할 때는 '저희 부장', '우리 과장' 이라고 지칭하고 본인을 직접 대할 때 '부장님', '과장님' 이라고 경대해야 한다.

▶ 상사나 동료들과 만날 때 인사를 해야 하는지?

예절은 삶의 언행에서 나타나는 것으로 그 중에서도 인사가 기본이다. 인사는 예절의 기본이며 인간관계의 출발이다. 직장인에게 있어서 인사는 애사심의 발로이며 동료간에는 우애의 상징이고 고객에 대해서는 서비스를 바탕으로 한 장인정신의 표현이며 자신의 인격과 교양을 밖으로 나타내는 것이다. 같은 회사에서 근무하다보면 상사나 동료들을 자주 만나게 되는데 자주 본다고 해서 서로 쳐다만 보고 지나쳐 버리면 어색해지고 분위기조차 딱딱해 질 염려가 있다. 인사는 돈이 들지 않는 투자이므로 처음 만났을 때는 정중하면서도 밝고 명랑하게 인사를 하며 같은 날, 같은 회사내, 같은 사무실에서 다시 또 만날 때에는 밝은 표정과 함께 가볍게 목례를 하면 좋을 것이다.

▶ 모르는 타 부서의 사람이 인사를 하였을 경우는?

사람과 사람의 관계는 인사로부터 비롯된다고 보아도 과언은 아니다. 예의 바른 인사를 하며 본인이 밑지거나 손해를 보는 경우가 없으며 오히려 그 사람의 됨됨이가 다른 사람으로부터 높게 평가될 수 있을 것이다.

회사 내에서 잘 알지 못하는 타 부서 사람이 먼저 인사를 할 경우에 같이 인사로 답례하여야 하는데 잘 알지 못한다는 이유로 어색해하거나 이상한 표정으로 쳐다본다면 상대방이 상당히 민망한 느낌을 갖게 될 것이다.

우선 예의를 갖추어 인사에 답한 후에 주위 동료에게 누구인지 물어 보아 다음에 마주치면 먼저 가벼운 인사를 건네며 친분을 쌓아두는 것이 업무상으로나 개인적으로나 직장생활에 도움이 된다.

8. 회의 예절

1) 회의요소

의제의 선택
참가자의 선정
리더의 역할

2) 회의의 계획과 준비

회의는 계획과 사전 준비를 어떻게 하느냐에 따라서 성패가 결정된다.
회의를 열 것인지 여부를 결정한다.
참가자의 선정 필요한 자료, 데이터를 정리하고 전원에게 통지한다.
회의장을 정리한다.

3) 회의 진행절차

도입한다.
의견을 이끌어낸다.
결론으로 이끈다.
마무리 짓는다.
회의록 작성

4) 회의중의 예절

회의 시간의 준수로 회의 코스트 최소화
참석 인원의 소수화가 원칙
상호 의견 존중과 경청
회의 자료 사전 준비
회의 목적의 명확한 이해
협의 사항의 해결에 적극 협조
진지한 태도와 정중한 자세로 발언
무조건 찬성보다 자기 의견의 명확한 제시
회의 내용과 의견을 요점 정리

9. 성의 있는 소개 예절

1) 소개순서

지위가 낮은 사람을 → 지위 높은 사람에게
연소자를 → 연장자에게
친한 사람을 → 새로운 사람에게
사람이 많은 경우 직위가 높은 사람을 먼저 소개

2) 소개를 받았을 때

앉아 있었을 경우 반드시 일어서서 인사한다.
상대방의 이름은 충분히 주의해 듣고, 잘 기억해 둔다.

3) 소개할 때

특기, 특징을 담아 소개하여 인상을 강하게 남긴다.

10. 대화 예절

1) 대화겸양어나 존대어를 적절히 상용

의뢰형으로
긍정형으로 표현
표준어, 일상용어를 사용
내용은 알차고 표현은 부드럽게
언행일치

2) 화술

사원 한 사람 한 사람의 말씨와 태도에 따라 그 회사의 신용과 이미지가
달라진다. 고객에게 감동을 주고 효과를 높이기 위해서는 교감을 이룰 수
있는 말하는 기술이 있어야 한다.

- 고객의 호소내용 원하는 소리, 감정 등을 성실하게 받아들인다.
- 밝은 표정으로 자신 있게 요점을 말한다. (추측이나 자신 없는 말은 삼가)
- 상대의 눈을 보며 상황에 맞는 적절한 반응을 보인다.
- 설득하거나 교육시키려는 자세는 피한다.
- 상대의 말을 단절시키지 않도록 한다.
- 비언어적 표현을 주의한다.
- 되도록 말은 적게 하고 상대의 말을 적극적으로 경청하는 자세로 대화를 진행한다.
- 자존심을 존중하고 고객의 관심 사항에 초점을 맞춘다.

3) 직장인의 대인관계

- 상급자는 가정에서 어른을 모시듯이 섬겨야 한다. 말씨와 칭호, 자세와 출입 동작에 이르기까지 아랫사람으로서의 처신이 돋보여야 한다.
- 동급자와 동료간에는 나이와 입사 선후배 관계 등을 고려해 칭호, 말씨, 출입 자세 등을 엄격히 가다듬는다.
- 연상자나 선배는 형님받들 듯이 하고 연하자나 후배는 동생을 대하듯이 협화(協和)에 정성을 다해야 한다.
- 하급자에 대하여는 직급만을 차세우지 말고 나이도 고려해 자상함과 사랑으로 대한다.하급자라도 연상자이거나 이성에게는 깍듯한 예의를 차린다.
- 회사에 찾아온 고객에게 대해서는 불편함이 없이 자상하게 대하고 상대의 연령이나 사회적 지위를 고려해 칭호와 말씨를엄선해서 써야 한다.
- 거래처에 갔을 때는 자기가 회사를 대표한다는 마음가짐으로 상대방의 회사내 지위를 인정해 상당한 예우를 해야 한다.
- 상대회사라고 해서 그 지위를 무시하면 대인관계가 악화되고 상담이 이루어지지 않는다.

4) 상사가 부하에게 주는 좋은 화법

(1) 조언

- 일처리를 잘모르는 직원에게 처리방법을 자세히 가르쳐 주는 것이 조언의 방법이다. 비난보다는 조언의 대화 방법이 모든점에서 좋은 결과

를 가져온다.

(2) 침묵

- 부하직원이 잘못을 했다고 꾸중만 하는 것이 좋은 방법이 아니다. 때에 따라서 잘못을 알면서도 침묵을 하거나 못본 듯이할 때가 더 효과적일 수도 있다.

(3) 강화

- 강화란 칭찬하는 것을 말한다.
- 평소의 업무에 있어서도 아무 것도 아닌 것 같지만 때를 맞춘 작은 칭찬의 말 한마디로 상대방을 즐겁게 할 수 있을 것이요, 호감을 줄 수 있을 것이다.

5) 부하직원에게 하는 비난의 말들

- 부하직원이 잘못한 일이 있으면 시정해야 할 점을 명확히 전달하고 조언을 하여 일깨운다.
- 직원들의 창의력을 죽이고 인화를 깨뜨리는 말투
  - 이건 안돼
  - 이렇게 밖에 못 했어?
  - 이건 하나마나야
  - 전에도 해 봤는데 헛일이야
  - 이런 것은 전에 없었던 일인데
  - 쓸데없는 예산 낭비야

- 자네는 할 일이 그렇게도 없어

- 왜 시키는 대로 안 해? 시키는 대로만 해

- 이래 가지고 봉급받아

- 여기가 자네 집 안방인 줄 알아?

6) 서비스화법의 10대 포인트

① 3의(三意)를 가지고 말할 것

 三意 = 熱意, 誠意, 好意

② 항상 부드러운 미소를 띠고 상냥하게 말할 것

③ 목소리의 크기와 말의 속도는 T.P.O에 맞출 것

④ 시선은 상대방에게 둘 것

⑤ 칭찬할 것

⑥ 잘 듣고 맞장구 칠 것

⑦ 똑똑한 체 하지말 것

⑧ 고객의 입장을 존중할 것

⑨ 침착하게 말할 것

⑩ 반말을 언급할 것

7) 고객접객상담

• 고객과 상담시는 고객의 마음을 편안하게 하여 불편하지 않도록하는 것이 기본이다.

• 불편한 점이나, 시정사항, 요구사항, 등을 노트에 기록하면서 고객의

말을 성의껏 듣는 것이 첫 과제이다.

• 문제 해결이나 시정 조건과 절차를 자세히 말해주고, 고객이 믿을 수
있게 하고, 흡족한 마음을 가지고 돌아갈 수 있도록 한다면 회사의 친
절을 홍보할 수 있는 신용창조의 기회를 가질 수 있다.

* 고객에 대한 접객 용어

좋지 않은 용어	바람직한 용어
너희들	여러분
누구, 누구지요?	어느분, 어느 분이십니까?
저 사람	저 분, 저쪽에 계신 분
○○회사 사람	○○회사에서 오신분, ○○회사손님
없습니까? 없습니다.	안 계십니까? 안 계십니다.
누구입니까?	누구십니까?
있습니다.	계십니다.
같이 온 사람	같이 오신 분
자리에 없어요.	자리를 비우셨습니다.자리에 안 계십니다.
안 됩니다.못합니다.	어렵습니다.하기 곤란합니다.
몰라요.	잘 모르겠습니다.
전화해 주세요.	전화 부탁드리겠습니다.
어떨까요?	어떻겠습니까?

좋지 않은 용어	바람직한 용어
다시 오세요	다시 한번 와주시겠습니까?
무슨 일입니까?	용건이 무엇인지 말씀해 주시겠습니까?
누굴 찾아왔지요?	어느 분에게 용무가 있으신지요?
불러 보지요	불러보겠습니다.

좋지 않은 용어	바람직한 용어
뭐라고 했지요?	뭐라고 말씀하셨습니까?
알았어요.	알겠습니다.
나는	저는 , 저희는
우리 회사는	저희들은, 저희 회사는
당신, 아저씨, 아주머니	손님, 선생님, 사모님
사는 집, 집	댁, 자택, 주소
할아버지, 할머니	어르신, 어르신께서
어서 오세요.	어서 오십시오. 이렇게 찾아주셔서 감사합니다.
조금 기다려 주세요.	죄송합니다만 잠시 기다려 주시겠습니까?
이름이 뭡니까?	죄송합니다만 존함이 무엇인지요?
이름과 주소를 써 주세요.	죄송합니다만 여기 존함과 주소를 기록해 주시겠습니까.
잘못했습니다.	죄송합니다.드릴말씀이 없습니다.
잘 가세요. 또 오겠습니다.	안녕히 가십시오.또 뵙겠습니다.

8) 대화중 화제의 선택

(1) 식사시

- 화젯거리 : 미술, 음악, 스포츠, 맛있는 것, 여행이야기 등 모두가 공감하고 즐겁고도 기뻐할 수 있는 내용.

- 삼가할 화제 : 정치이야기, 기분 나쁜 이야기, 맛 없는 음식 이야기 등 좋지 않은 이야기.

(2) 즐거운 장소에서

- 화젯거리 : 좋은 일의 모임이나, 장소에서는 기쁘고 즐거운 웃음을 가질 수 있는 화젯거리를 선택.
- 삼가할 화제 : 결혼식장에서 이혼이야기나, 출판기념회에서 책을 나쁘게 평가한다든지, 회갑식장에서 죽음 이야기 등 그 날의 주인공을 욕되게 하는 이야기.

(3) 슬픈 장소에서

- 화젯거리 : 엄숙하고 슬픈 모습으로 대하며 조용히 슬픔을 함께 나누는 화제.
- 삼가할 화제 : 슬픈 장소에서 싱글벙글 즐거운 표정을 하고 누구 아들 낳은 이야기나 혼인한 이야기를 하는 것은 지성인의 태도가 아니다.

9) 신체언어(body language)의 행동상의 의미

대화 시 사람의 신체적인 태도에 관계된 것을 신체언어(body language)라고 한다. 신체언어도 예의의 연속이므로 상대방에게 불편을 끼치지 않도록 신체언어에 신경을 써야 한다.

신체언어의 종류 및 행동상의 의미

종 류	내 용
• 눈을 찌푸림	• 반발, 짜증
• 눈을 감음	• 대화 불필요, 휴식을 원함
• 입을 꽉 다묾	• 반발, 결심
• 고개 끄덕, 미소	• 관심, 흥미
• 뒷머리 긁음	• 약간 곤란, 난처함
• 손을 이마에 댐	• 다시(잠시) 생각중
• 손톱을 물어뜯음	• 초조, 긴장
• 다리, 발을 떰	• 불안, 초조, 공포
• 팔장을 낌	• 무관심, 관망, 방어
• 뒤로 젖혀 앉음	• 방어, 약점을 보이지 말자
• 어깨를 좌우로 흔듦	• 여유표시, 가부의 보류
• 목소리 갑자기 높임	• 반발, 반항 강조
• 목소리 갑자기 낮음	• 후회, 자신감 부족
• 뒷짐지기	• 권위표시
• 두 손 비비기	• 자신없음, 마음약함, 아첨동작
• 눈을 치 뜸	• 상대 의심
• 눈을 내리 듦	• 부정적

11. 수명과 보고 예절

1) 수명 예절

(1) 수명요령

호명이 있으면 메모(업무노트)를 준비하여 상사에게 간다.

경청하며 요점을 정리

5W2H로 생각하며, 모호한 점은 다시 질문

(When, Where, Who, What, Why, How, How much)

최종 복창해서 정확히 확인

다른 상급자에게 수명 받은 경우 직속 상사에게 내용보고

(2) 의견이 있을 때

상대의 입장에서 이해해서 솔직히, 논리 정연하게

사실에 입각해서 있는 그대로를 간결하게

근거가 되는 자료 구비

다시 상사의 지시를 구한다.

시간상, 능력상 무리라고 판단될 때는 상사의 도움을 받도록

(3) 지시를 받고 나면

상사의 요구사항이 무엇인지를 정확히 파악

일의 중요도를 확인해서 순서를 정한다.

보고 기한 확인

체계적으로 실행

진행상황과 결과 확인

2) 보고예절

(1) 보고 요령
결론 → 내용(이유) → 경과 → 소견
간단명료하고 요점을 강조해 보고
지시한 이에게 직접 보고
사실에 입각한 객관적인 보고
적당한 단락을 지어 요점을 알기 쉽게 설명

(2) 중간 보고가 필요한 경우
업무 소요 시간이 장기화 되었을 때
업무의 지시 범위를 벗어나게 되었을 때
문제가 발생하였을 때
지시한 방침, 방법으로는 수행이 불가능할 때
상황이 변경되었을 때
결과나 전망이 예견될 때

(3) 보고자세
보고내용 숙지
상사의 책상에서 조금 떨어진 측면에서 보고
책상이 없는 경우에는 더 멀리 떨어진 곳에서 보고
가까이 서야 할 경우 양해를 구한 뒤 다가가 보고
상사의 권유가 있기 전에는 서서 보고
출입시 인사예절

(4) 물건 받고 건네기

밝은 표정으로 응대한다.

고객의 시선을 바라본다 → 전달하는 상품을 잠시 본다

→ 고개를 들며 웃는 얼굴로 고객의 눈을 본다.

가슴과 허리선 사이로 물건을 건넨다.

상체는 앞으로 15도 정도 굽힌다.

전달되는 내용을 말한다.

상대방이 보기 쉽게, 받기 쉽게

12. 명함 교환 예절

1) 명함을 주는 경우

- 정면에서
- 윗분, 고객, 여성에게 먼저
- 상대가 바로 읽을 수 있도록
- 허리선과 가슴선 사이로
- 반드시 일어서서
- 이름을 말하며 오른손으로

2) 명함 받는 경우

- 두 손으로 받는다.
- 동시 교환 경우 자신의 명함은 오른손으로 주고 왼손으로 받는다.
- 반드시 이름, 직장, 직함을 확인한다.
- 허리선 아래로 상대방의 명함을 내리지 않는다.
- 대화 동안은 테이블 위에 놓아둔다.

3) 명함의 관리

- 명함 지갑을 준비한다.
- 자신의 명함은 늘 소지하며 부족하지 않도록 체크한다.
- 명함을 받아 바지주머니에 넣는 것은 실례이다.
- 명함을 받아 바로 집어넣어 버리는 것도 실례이다.
- 명함에 낙서하지 않는다.
- 고객이 떠난 후 정리한다.

13. 정성이 담긴 안내

1) 고객 응대 자세

- 고객과의 위치

- 시선
- 상체의 자세
- 이동 자세

* 삼가야 할 자세

팔짱 낀 자세

뒷짐 진 자세

바지 주머니에 손 넣은 자세

벽에 기대어 선 자세

다른 동작을 하며 응대하는 자세

손가락으로 가르치는 자세

2) 고객안내

(1) 기본 자세

대답은 "예 이쪽입니다"라고 분명히 한다.

표정은 미소를 짓는다.

시선은 3점법 시선으로 알기 쉽게 한다.

(고객 → 가리키는 곳 → 고객)

동작은 너무 빠르거나 느리지 않게 한다.

손가락은 모아 예쁘게 한다.

(2) 안내 동작

① 복도 안내

　- 손님의 2, 3보 앞에서 방향을 따라 안내

② 계단을 오를 때

　- 방문객을 안내할 때는 안내자가 앞선다.

　- 평상시 내려갈 때는 여자가 앞서고 올라갈 때는 남자가 앞선다.

③ 엘리베이터

　- 안내자가 없을 때 : 먼저 타서 안내, 나중에 내림

　- 안내자가 있을 때 : 나중에 타고, 나중에 내림

④ 에스컬레이터

　- 안내자는 대각선 아래 계단에 위치

⑤ 회전 문

　- 안내자가 뒤에 위치

⑥ 미는 문

　- 먼저 들어가서 안내

⑦ 당기는 문

　- 문밖에서 안내

(3) 방향지시

　- 다섯 손가락 붙이고

　- 밝은 표정으로

　- 정성을 담아서

　- 상황에 알맞게

　- 방향을 가리킨다.

(시선은 상대의 눈 → 방향 → 눈)

14. 호칭 예절

1) 일반적 호칭

① 상급자 : 성＋직급＋님 또는 직책＋님

　예) 부장님, 인사부장님

② 동료 : 이름＋씨

　예) 씨

③ 하급 자 : 성＋직책

　예) 과장

④ 선배 : 이름(성)＋선배님 또는 선생님

　예) 선배님, 선생님

2) 직급이 있는 경우

- 직급이 있는 동료 : 성과 직급을 함께 부른다.
- 직급이 있는 상사 : 직급에 '님' 자를 붙여 부른다.
- 같은 직급의 상사가 한 자리에 있을 때 : 직책에 성을 붙여 부른다.
- 직급이 없는 아랫사람 : 이름에 '씨' 자를 붙여 부른다.
- 나이가 많은 아랫사람 : 성 뒤에 '선생(님)'으로 부른다.

• 남자 사원 : 성 뒤에 '형' 자를 붙여 부를 수 있다.

3) 호칭의 예

(1) '씨' 라고 부를 경우
동년배나 나이 차가 별로 나지 않을 때
나이 차가 많이 날 경우에는 '선생님' 이 무난

(2) '형' 이라고 부를 경우
나이 차가 나지 않는 범위 안에서 사용
다른 사람 앞에서 3인칭으로 쓸 때는 '형께서' 라는 식으로
나이 차가 많은 연장자에게는 '선배님' 등으로

(3) '나' 와 '저' 라고 부를 경우
나이 차이가 나는 윗사람에게나 공식석상에서 '저' 로 표현한다.
조직체의 장은 훈시나 간부회의 때에는 '나' 라는 1인칭 사용

(4) '께서' 라고 부를 경우
상급자를 더 높은 상급자 앞에서 3인칭으로 쓸 때 '님' 자를 붙이면 이중
의 존칭이 되므로 이 경우에는 '께서' 를 붙여 표현한다.

(5) '선생님' 이라 부를 경우
'선생님' 은 존경과 정이 담긴 최상의 존칭이다.
누구나 존경할 만한 사람 또는 처음 만나는 사람, 나이 차가 아주 많은 연

장자에게 부른다.

동년배나 연하자에게는 '선생'으로 부르는 것이 무난하다.

(6) 남자직원을 부를 경우

남자 직원을 부를 때는 '씨'가 바람직

직위가 있을 때는 그 직위 앞에 성을 붙여 부르는 것이 좋다.

(7) 여자 직원을 부를 경우

대부분의 여성들은 '미스'나 '양'보다 '씨'로 불리기를 원하므로 '씨'가 가장 무난한 호칭이다.

남자 직원이 선배 여직원을 부를 때는 '선배님'으로 부르는 것이 바람직하다

15. 차를 대접하는 방법

- 찻잔의 흠 확인
- 적당한 온도(70도 정도) 적당한 농도
- 양은 찻잔 높이의 2/3정도
- 찻잔의 밑바닥이나 쟁반은 잘 닦아서
- 윗분부터, 자기 직장사람은 아무리 상위자라 하더라도 나중
- 찻잔의 가장자리에 손가락이 닿지 않도록
- 엎질렀을 경우 당황하지 말고 "실례했습니다."라고 말하고 닦아낸다.

- 탁자 위에 서류가 있을 경우 "실례합니다." 하고
- 서류는 한쪽에 비켜 놓고 찻잔을 놓는다.
- 찻잔을 놓는 일이 끝나면 가볍게 목례를 한다.
  (찻잔은 내려놓거나 나를 때에 찻잔과 얼굴이 너무 가깝지 않도록 한다)
- 커피 잔이나 홍차의 경우 찻잔 손잡이는 왼쪽으로,
- 수픈 손잡이는 오른쪽으로 한다.
  (회의 같은 좌석의 경우 찻잔 손잡이는 오른쪽으로 해도 상관없다.)
- 다과를 할 때는 먼저 다과를 손님 왼쪽에 놓고
- 다음에 차는 오른쪽에 놓는다.

제 6 장

크리스천의 공중 생활 예절

공중질서는 보이지 않는 데서 더 잘 지켜야 한다. 항상 다른 사람의 입장에서 생각하고 불편하다고 불쾌한 감정을 가져서도 안되며 이웃사랑의 실천으로 남을 먼저 생각하는 마음을 가져야 한다.

"너희는 이 세대를 본받지 말고 오직 마음을 새롭게 함으로 변화를 받아 하나님의 선하시고 기뻐하시고 온전하신 뜻이 무엇인지 분별하도록 하라" (롬 12:2)

1. 전시장, 박람회 관람예절

- 전시품에 함부로 손을 대서 파손시키는 일이 없도록 주의한다.
- 전시품에 대해 큰 소리로 평을 하는 행위는 삼가
- 안내원의 지시에 따라 질서를 지키고 조용히 관람 · 감상
- 줄을 지어 관람할 때는 한 곳에 오래 머물러 뒷사람에게 방해를 주지 않도록

- 필요한 경우 사진 촬영은 허가를 얻어서 하도록
- 어린이를 데리고 갈 경우 주위 사람에게 피해를 주지 않도록 유의
- 이리저리 분주하게 뛰어다니지 않는다.
- 음식을 먹으면서 관람하지 않도록

2. 공연장 예절

1) 강연회 · 음악회 관람 매너

프로그램에 흥미를 가지도록
강연의 내용에 지루함을 느껴 흥미를 가질 수 없더라도 남에게 방해되지
않도록 조용히 있는다.
박수는 상황에 알맞게 적당히 치도록

〈박수〉
연극, 오페라, 발레는 막이 내리고 기악은 마지막 악장 후에 국악은 한 곡이 연주 후에 판소리나 마당놀이는 흥에 겨우면 언제든지 박수를 칠 수 있다.

2) 연극 · 영화 관람 매너

무대 상연이 시작되기 전에 도착해서 자리에 앉는다.
앉아 있는 사람의 앞을 지날 때는 "실례합니다."라는 말을 잊지 않도록
상영 동안 이야기하며 웃거나 계속해서 꼼지락거려서 주위 사람에게 피
해를 주지 않도록 한다.
껌 · 팝콘 등을 소리내어 씹지 않도록
영화 상영 중에 통로로 나오기 위해서 남 앞을 지날 때는 몸을 낮게 하여
지나도록
연극은 막이 내린 후 퇴장하도록
꽃다발 등을 건넬 때는 극이 완전히 끝난 다음에

3. 거리 통행 예절

- 거리에서 4~5명이 나란히 서서 걷는 것은 다른 사람들에게 불편을 준
  다.
- 복잡한 거리를 지나치게 느리게 걸으면 다른 통행인들에게 불편을 준
  다.
- 거리의 모퉁이를 갑자기 돌거나 걷는 방향을 바꾸지 않도록
- 인도에서 대화를 할 때에는 통행에 방해가 되지 않도록 한쪽으로 서서
  얘기
- 남녀가 길을 걸을 때는 남성이 차도 쪽에 선다.

- 음식을 먹으면서 걷거나 담배를 피우며 걷는 일도 피한다.
- 좌측 통행과 교통신호를 지키고 길을 건널 때는 육교나 횡단보도, 지하도를 이용

4. 지하철, 버스 승하차 예절

- 대중교통 이용시는 질서와 양보의 미덕을 갖도록
- 지하철이나 버스를 탔을 때 다리를 넓게 벌려서 많은 공간을 차지하고 앉아 남에게 불편을 주지 않도록
- 노인이나 아기를 안고 탄 부인에게는 자리를 양보
- 탈 때에는 여성이 먼저, 내릴 때는 남성이 먼저
- 고속버스 안에서는 안전띠 착용

5. 자가 운전 예절

- 교차로에서 차량 정체시는 꼬리물기를 하지 않는다.
- 과로 운전, 졸음 운전, 과속 운전, 음주 운전을 하지 않는다.
- 방어 운전을 생활화
- 담배를 물고 운전대에 앉지 않는다.
- 양보하는 미덕

- 갓길 운행을 하지 않는다.
- 안전 운전을 위해 잡담(동승자가 있는 경우)은 피한다.
- 주·정차는 지정된 장소에서만
- 급제동, 급정차, 끼어들기 삼가
- 차선을 지키고 일단 정지선을 지킨다.
- 차는 내부와 외부 모두 깨끗하게
- 운전자 상호간 예의 표시(손을 살며시 들면서)
- 야간 신호등 대기시는 전조등을 끄고 미등만 켠다.

6. 선박, 승선 예절

- 단체 승선시 인솔자는 나중에 타고 하선시 먼저 내린다.
- 질서 있게 승선하여 지정석에 앉도록 하고 일반실의 경우 한쪽에 치우쳐 자리하지 말 것
- 뱃멀미하는 사람은 미리 약 복용, 위생봉지 사전준비
- 선내의 통로, 비상구, 구명대의 위치확인 및 사용법을 익혀 비상시에 대비
- 용모복장은 단정히 하고 슬림퍼 차림으로 실외를 통행하지 않는다.
- 선내의 비품은 깨끗이 사용하고 사용 후에는 제자리에 놓는다.
- 식사시간 준수 및 식사중 금연, 잡담 삼가
- 선내에서의 물건 구입시는 필요 물품만 구입하고 관세법 준수
- 흡연시 흡연 장소를 지키고 복도 통행시 흡연 금지

- 선실의 출입 때에는 문을 잠그고, 키는 안내실에 보관
- 비상시에 행동요령 숙지
- 선창출입시 안전에 유의
- 선내 안내 방송에 따라 행동

7. 장애인에 대한 예절

장애인의 인구는 세계인의 10%를 차지한다. 선척적으로 태어난 장애인과 요즈음은 교통사고로 인한 장애인들도 늘어나고 있다.

장애인에게 너무 과잉 친절한 것도 그들에게 부담되고 무관심한 것은 더욱 그들을 소외되게 한다.

그러면 어떻게 장애인을 대하는 것이 그들에 대한 예의일까? 장애인을 대할 때는 정상인에게 대하듯이 자연스럽게 대해주며 행동거지가 불편한 부분은 도와주는 것이 예의이다.

요즈음은 공중 전화, 주차장, 지하철에 장애인에 대한 시설이 늘어나고 있으나 아직은 선진국에 비하면 미흡한 상태이다.

시설을 확충하는 것도 중요하지만 일단 현재 설치되어 있는 것만이라도 장애인들이 충분히 활용할 수 있도록 세심한 배려가 필요하다.

1) 청각장애자에 대해

청각장애자 가운데는 대화하는 것을 좋아하는 이가 많다.

대화방법에는 우선 구화법이 있는데 입의 모양을 보고 상대방이 무슨 말을 하는지를 아는 방법이다. 이때 몸의 동작을 섞으면서 정면에서 입을 크게 움직이며 여유를 갖고 천천히 명확하게 이야기하라.

수화통화를 할 수 있는 사람은 수화로 하라.

필기법은 손바닥이나 종이에 글씨를 써서 읽어주는 방법이다. 다소 시간이 걸리겠지만 정확히 전달된다.

청각장애자가 가장 불편을 느낄 때에는 보행중 뒤에서 나는 소리를 듣지 못하는 경우, 급한 일이 있는데 전화를 사용할 수 없는 경우이다.

2) 지체 부자유에 대하여

휠체어 사용자가 거리에서 곤란할 경우를 보면 먼저 말을 걸어줘라.

계단을 오르내릴 때에는 2, 3명이 호흡을 맞춰서 천천히 휠체어를 들어야 한다.

보행에 불편을 느끼는 사람들 즉, 목발이나 의족 등을 사용하는 사람이 있는데 이런 이들에게는 자리를 양보하자.

목발 사용자는 계단이나 턱에서 곤란을 느낄 때가 많다. 도움이 필요한가를 물어보고 도와주어야 한다.

우천시 목발 사용자는 제일 곤란을 느낀다. 그것은 우산을 사용할 수 없기 때문이다. 옆에 있는 이들은 도와주어야 한다.

목발 사용자가 넘어져서 목발이 손에 닿기 힘든 곳에 떨어졌을때는 바로 목발을 주워와서 본인이 원하는대로 손을 써서 도와주는 것이 바람직하다.

3) 시각장애자에 대해

인사할 때는 먼저 말을 걸어주고 악수하라.

시각장애자 중에는 전맹과 약시가 있는데 돕는 방법이 각기 다르다. 무슨 도움이 필요한지 정확히 아는 것이 필요하다.

방향과 장소를 알려줄 때는 전후좌우와 몇 발짝, 몇미터 등을 정확하게 알려주어야 한다.

안내할 때는 흰 지팡이 반대쪽에 서서 자기 팔을 빌려주고 시각 장애자의 반보 앞에서 걸어간다. 흰 지팡이는 시각장애자의 눈이므로 그것을 잡고 있는 손을 붙잡는다든가, 민다거나 하는 것은 금물이다.

계단이나 엘리베이터에서는 올라간다거나 내려간다는 것을 정확히 설명해 줘야 한다.

차 대접 또는 식사시, 먼저 각 그릇을 위치와 그 음식 내용을 작은 목소리로 확실히 설명해 줘야 한다.

(그릇의 위치는 시계방향으로 말하면 빨리 알아차린다)

4) 휠체어 장애자를 돕는 방법

휠체어에 브레이크를 건다.

몸을 앞으로 옮기고 발 받침을 옮긴다.

발 위치를 넓히고 허리를 충분히 낮추고 잔등과 엉덩이 밑으로 손을 집어넣는다.

안고 나면 쭉 안으로 당겨준다.

일어선다.

(1) 휠체어에 앉히는 방법
휠체어에 브레이크 장식을 하고 발판을 올린다.
쿠션을 놓고, 본인을 앉힌다.
휠체어에서 떨어지지 않도록 허리를 안쪽 깊숙히 앉힌다.

(2) 계단
캐스터를 들어올린다.
계단으로 올린다.
뒷바퀴를 들어올린다.

(3) 계단을 내려올 때
휠체어를 후방으로 하고 뒷바퀴를 내린다.
들어올린 후에 끈다.
내린다.

8. 외국인에 대한 예절

외국인들이 한국을 찾으면 볼거리가 많아도 사람들이 불친절하고 무질서
하다고 말하고 있다. 우리 나라를 찾는 외국인들이 불편 없이 친근감을 갖고
생활하도록 도와주어야겠다. 지하자원이 부족한 우리 나라는 관광사업으로
달러를 벌여들이는 것이 나라의 부강에 큰 도움이 될 것이다. 외국인에게 처
음 우리 나라에 도착하여 숙박시설까지 가려면 조금은 시정되고 있지만 영

문표기가 없을뿐더러 영어방송이 없어 어디로 가고 있는지 알 수가 없다.

택시기사들은 바가지 요금뿐만 아니라 불친절하고 길거리에서 길을 물어보면 손을 내젓고 달아나는 실정이다. 외국인에게는 말보다는 마음이고, 정성을 다해 도와주려는 모습이 있을 때 대한민국에 좋은 인상을 심어줄 수 있을 것이다.

9. 화장실에서의 예절

화장실은 문화시민의 척도라고 하였다. 푯말이 없고 안에는 휴지가 넘쳐나고 문고리는 떨어져 나가 있고 짐 놓을 곳은 없고 담배연기 자욱한 것이 우리의 현실이다.

우리가 가정에서 깨끗이 화장실을 사용하듯이 공중화장실도 내 것이고 우리의 것이라는 마음을 가져야 한다.

용변 후 반드시 물을 내리고 휴지는 휴지통 안에 넣는다.

줄을 서 질서를 지킨다.

담배를 피우지 않는다.

세면대 앞에서 화장을 오래해서 남에게 피해를 주지 않는다.

옷매무새를 단정히 한다.

잡담을 하지 않는다.

남의 집을 방문해서 화장실에 갈 때는 용변소리가 요란하지 않도록 물을 살짝 틀어 놓는다.

신발을 놓고 나올 때 들어가는 방향으로 벗고 나온다.

10. 목욕탕에서의 예절

우리 나라는 매일 샤워를 하기보다는 목욕탕을 이용한 목욕문화이다. 그래서 공동 목욕탕을 많이 사용한다. 이때 서로간에 예절을 지키지 않는다면 서로 불편하고 지저분하게 사용할 수밖에 없다.

1) 목욕순서

(1) 머리를 감는다.
(2) 샤워를 한다.
(3) 냉온탕에 들어간다.

* 주의 사항
한증막에 노약자와 고혈압 등 질병이 있는 자는 오래 있지 않는다.
오일이나 우유를 발라 바닥에 떨어지면 넘어지기 쉬우니 조심해서 사용한다.
오일이나 우유를 바르고 한증막에 들어가지 않는다.
등을 밀어 달라고 할 때는 의사를 물어보고 서로 밀어준다.
근무 중에는 목욕하지 않는다.
목욕탕에서 아는 사람을 만났을 때 너무 아는 척 하지 말라.
환경오염에 영향을 끼치는 일회용은 사용을 자제하라.
물을 아껴 쓴다.
크게 잡담하지 말 것.
소지품을 주의한다. 귀중품은 주인에게 맡겨두는 것이 좋다.
어린이와 동행해서 목욕을 할 때는 어린이들을 잘 살펴 남에게

11. 쇼핑할 때 예절

1)쇼핑은 계획 있게 하는 것이 좋다. 쇼핑할 때 예의로는

① 판매사원에게 반말하지 말 것

② 자기 자랑이나 과시를 하지 말 것

③ 좌측통행하고 동행과 통로를 막고 다니는 일이 없도록 하고 크게 잡담
하지 말 것

④ 어린이와 동행할 때 에스켈레이터를 주의하고 울어서 남에게 불편을
주지 말고 잃어버리는 일이 없도록 주의한다.

⑤ 쇼핑물건이 많을 때는 물품보관소에 맡겨둔다.

⑥ 셔틀 버스나 대중교통을 이용해서 쇼핑한다.

⑦ 근래에 환불이나 교환이 가능하지만 서로 불편하니 잘 생각하고 구입
하고 충동구매를 하지 않는다.

이런 쇼핑은 자제

남이 사니까

싸니까, 세일이니까

집에 없으니까

판매사원의 강요에 못이겨

사은품에 현혹되어

제 3 부
크리스천의 국제 매너

제 7 장

국제 매너 에티켓

1. 기본 에티켓

1) 복장매너 · 에티켓

모닝코트 : 낮의 정식예복 (Morning Coat, Cutaway)
색 코트 : 낮의 약식예복 (Sack Coat)
연미복 : 밤의 정식예복 (Tail Coat)
턱시도 : 밤의 약식예복 (Tuxedo, Smoking Jacket)

※ 초대장에 복장표시 : White tie(연미복), Black tie(턱시도),
Morning Coat(모닝코트)

(1) 모닝코트 (Morning Coat)

국가원수나 고위 공직자가 개최하는 공식 오전행사, 정식오찬이나 간단한
미팅, 공식야유회, 교회 내에서의 의식, 경마 등 오전의 행사에 착용하는

정식예복

현재 주로 오전 결혼식 또는 장례식 등에 입는다.

장례식 : 검정 타이, 검정장갑

(2) 색 코트 (Sack Coat)

낮의 약식예복 (모닝코트와 평상복의 중간복장)

오늘날 검정색계통의 정장으로 대체

외교관계의 특수한 신분의 사람들이 공적인 방문, 회의, 오찬, 다과회 등

오전의 행사에 착용하는 옷차림이다.

(3) 연미복 (Tail Coat)

야간의 정장예복 : 공식만찬회, 무도회, 공식야간 리셉션, 오페라, 음악

회, 야간 결혼식

백색타이, 백색조끼, 백색장갑

(4) 턱시도 (Tuxedo, Smoking Jacket)

오후 6시 이후에 입는 정장 (After Six)

각종파티, 극장 또는 콘서트, 호텔, 클럽, 유람선에서의 만찬

(배 위에서 연미복은 입지 않음)

외국인과 교제시

검정조끼, 검정나비타이

2) 방문매너 에티켓

3시 이후 저녁식사 전 4~6시가 적당하다

방문시간은 도착 후 15분

(1) 방문에티켓 8가지

현관 : 본인이름 알림

대기실 : 남성은 모자나 레인코트를 벗는다.

주인과 만났을 때 : 모자, 외투는 가정부에게 맡긴다.

- 여성의 장갑 : 방에 들어가서 벗음
- 소파 : 입구에서 가까운 곳이 말석

대화 : 15~20분

답방 : 방문 받을 때 꼭 답방을 한다.

별장초대 : 가정부와 악수하지 않음.

Tip은 떠나기 전에 주인이 보지 않게

반드시 방문해야 할 곳
- 사교 : 티파티, 리셉션
- 일반관례 (연하, 결혼, 출산, 사망, 문병, 작별) 의례적 방문
- 친근한 사이

(2) 만찬장 좌석배치 및 파트너 관계

• 상석과 말석
- 벽난로가 있는 경우에는 그 쪽이 상석이며 입구부분이 말석이다.
- 벽난로가 없는 경우에는 입구쪽이 말석이며 그 반대쪽이 상석이 된다.
- 입구의 반대쪽이 상석으로 적합하지 않은 방에서는 정원을 바라보는 쪽이 상석이고 등진 쪽이 말석이 된다.

• 호스트와 호스테스의 좌석
- 부부동반의 연회인 경우에는 식탁의 중심부에 벽난로를 뒤로하여 호스테스가 앉고 그 앞쪽에 호스트가 앉는 것이 원칙이다. 남자들만의 연회인 경우에는 호스트의 자리가 주빈의 자리가 된다.

① 유럽식
• 호스테스의 오른쪽을 제1서열의 남성손님의 좌석으로, 왼쪽을 제2서열의 남성손님의 좌석으로 한다.
• 호스트의 오른쪽을 제1서열의 여성손님의 좌석으로, 왼쪽을 제2서열의 여성손님의 좌석으로 한다.
• 제1서열의 남성손님의 오른쪽을 제3서열의 여성손님의 좌석으로, 제2서열의 남성손님의 왼쪽을 제4서열의 여성손님의 좌석으로 한다.
• 제1서열의 여성손님의 오른쪽을 제3서열의 남성손님의 좌석으로 제2서열의 여성손님의 왼쪽을 제4서열의 남성손님의 좌석으로 한다.
• 이상과 같은 순서로 좌우교대로 남녀손님의 자리를 정해간다.

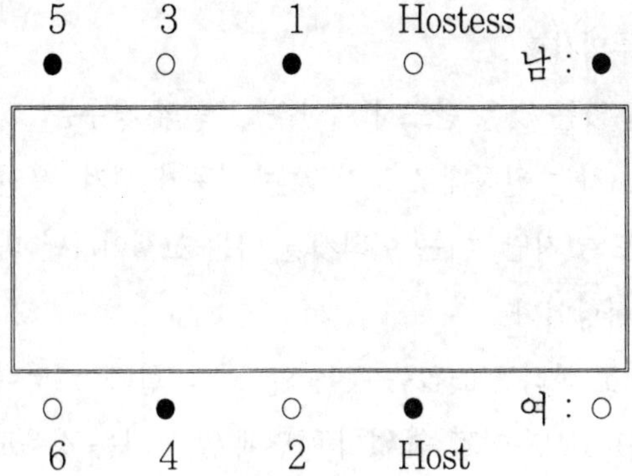

② 영미식

- 호스테스, 호스트의 좌석을 식탁의 양쪽 끝으로 한다.
- 상석에는 주로 호스테스가 앉는다.
- 호스테스의 오른쪽과 왼쪽에 각각 제1, 제2서열의 남성손님이 앉는다.
- 호스트의 오른쪽과 왼쪽에 각각 제1, 제2서열의 여성손님이 앉는다. 이상과 같은 순서로 남녀손님은 식탁의 중앙을 향해 서열에 따라 남녀 교대로 앉는다.

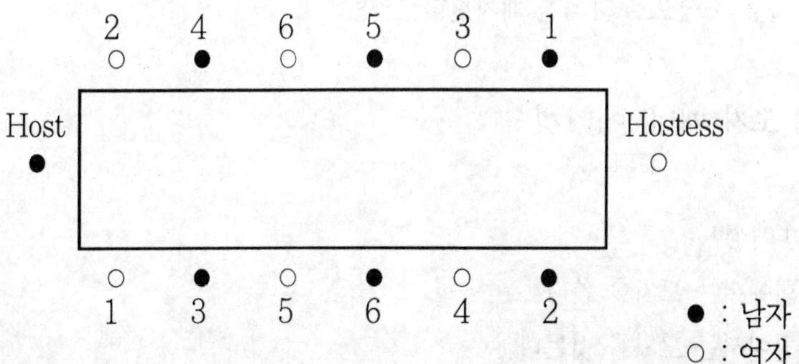

(3) 좌석배치시 주의사항

- 부부가 나란히 앉는 것은 반드시 피한다. 부인의 경우는 그 남편의 서열을 따른다고 하는 원칙대로 되지 않는 경우가 생겨, 부인의 서열이 처지게 될 수도 있지만, 이는 에티켓을 아는 고객이라면 바로 양해를 얻을 수 있는 사항이다.
- 부부가 정면으로 바라보고 앉는 것은 되도록 피한다. 그러나 서열대로 좌석을 배치하다 보면 어쩔 수 없이 정면에 앉게 되는 경우도 있다.
- 식탁의 양끝에는 가능한 기혼여성은 피하고 남성이 앉도록 한다. 따라서 남성손님을 여성손님보다 많이 초대하는 것도 이러한 경우 문제를 해결할 수 있는 요령의 하나가 될 것이다.
- 기혼자가 미혼자보다 우선하는 것이 원칙이므로 미혼여성은 기혼여성보다 말석에 앉는다. 그러나 주최자의 딸이 호스테스를 대신할 때에는 호스테스로서의 서열에 따른다.
- 마지막으로 공식서열과 관례서열을 충분히 감안한 후에 좌석을 신중하게 배치한다.
- 주인 측이 2명 이상인 연회에서의 좌석배치는 영미식에 유럽식을 가미한 방식, 즉 테이블 양단과 테이블 중앙을 주최측의 자리로 정하고 이들을 중심으로 좌석을 배치한다.

3) 모자 매너. 에티켓

(1) 여성

교회에서는 모자를 쓴다.

만찬에서는 모자를 벗는다.

오찬에서는 모자를 써도 무방, 단 호스테스의 경우 쓰지 않는다.

(2) 남성 (모자를 벗을 때)

길거리에서 아는 사람 만났을 때

실외에서 소개를 받았을 때

작별인사를 할 때

인사를 받았을 때

선배나 목사를 만났을 때

여성을 동반한 친구를 만났을 때

동행한 사람이 아는 여성과 인사할 때

아파트나 호텔의 엘리베이터에서 여성과 동승하게 되었을 때

2. 해외 여행 준비

1) 해외 출장을 떠날 때

회사를 대표해서 떠나는 해외 출장은 회사에 대한 긍지를 가지고 공중도덕을 철저히 지켜 예의 바른 모습을 보이도록 한다.

(1) 빈틈없는 출장계획

여행목적에 맞춘 세부계획서 작성

(일정표, 방문처 및 방문업무처리계획, 호텔 및 교통이용계획,

경비사용 및 환전계획)

여권발급, 해당국의 비자신청, 항공권 예약 및 구입관계확인

출장기간동안 회사업무처리에 차질이 없도록 업무인계와 협조

여행국에 대한 정보수집

(기후, 물가, 풍습, 교통, 금기사항, 언어 등)

협조를 받을 수 있는 현지 연락처 파악(전화 사용 요령 숙지)

비상시를 대비한 의약품 대비

여행가방은 탁송용(큰 가방) 1개, 휴대용(기내용) 1개 휴대

여행국에서 필요한 생활 회화 숙지

한나라와 2회 이상 입국시 복수비자 신청

경험자와 상의하여 모든 일정과 물품에 대한 목록 작성

* 비자
사용횟수에 따라 : 단수비자, 복수비자
체류기간에 따라 : 임시비자, 영수비자
여행목적에 따라 : 통과비자, 방문비자, 업무비자, 학생비자, 이민비자

3. 공항에서 매너 에티켓

- 여권, 항공권, 외화는 반드시 몸에 지니도록
- 외화환전은 한도 범위 내에서 업무에 필요한 만큼만

- 출국안내방송을 잘 듣고 행동
- 출입국 심사는 여권과 비자가 유용한지를 확인하고 국제 범죄 등에 대
  하여 조회
- 출발예정 두 시간 전에 공항에 도착하여 출국 수속
- 항공사의 체크인
- 여권, 항공기표, 수화물 지침 후 해당 항공사 카운터에서 수속의뢰
  (탁송수화물 가방에는 술병, 폭발성 물건, 오염 우려 물질 금지)
- 탑승권(Boarding Pass) 수령 후 국제공항 이용권을 은행이나 카운터
  에서 구입
- 만 30세 미만인 남자는 공항 청사에 위치한 병무청에 해외 여행 신고
- 국제공항 이용권은 출국시 공항 출국장 입구 직원에게 제출

* 공항에서 긴급 사항 발생 시는 휴대폰 또는 무전기를 소지한 공항직원
  에게 협조요청

1) 출국수속

항공권 제시
탑승권 받음
수화물 계량
특정물품의 세관신고
출국신고
탑승대기

탑승

2) 입국수속

입국사열
탁송수화물 회수
세관검사

4. 기내에서 매너 에티켓

1) 안전점검

지정좌석에서 안전벨트 착용(표시등 점등시)
기내의 화장실 위치를 알아두고 사용할 때 안에서 잠금
(남녀 구분이 없으며, 잠그지 않으면 비어 있다는 표시등 켜짐)
기내 면세품(주류, 담배 등)은 꼭 필요한 것만 구입
기내에 가져간 가벼운 수화물은 머리 위 선반에 넣고 무거운 것은 발 앞
에 놓음(안전을 위해)
구명복 착용에 대한 안내 방송 경청
기내 좌석에는 1등석(First Class)과 2등석(Economy Class)이 있고,
그 사이에 우대석(Prestige/ Executive Class)이 있다. 기내에서 음료, 식
사, 잡지 등의 서비스를 제공받으면 감사의 인사를 전한다.

스튜어디스에게도 에티켓을 지켜야 하며, 팁이 없는 것이 세계적 관습이다.

기내에서는 기압 변화로 만년필의 잉크가 새어 나오므로 주의한다.

2) 기내에서 유의사항

좌석 배치 순서는 앞에서 뒤로는 번호순, 옆으로는 알파벳순(예 : 1A, 16C등)

좌석 벨트 착용 : 표시등(FASTEN SEAT BELT)
- 착용(TO FASTEN)
- 조임(TO TIGHT)
- 푼다(TO UNFASTEN)

금연 표시등(NO SMOKING SIGN)
- 이착륙
- 금연 구역
- 화장실 내(NO SMOKING IN LAVATORY)

수화물 보관(BAGGAGE)
- 가벼운 것은 머리 위 선반(HEAD BIN)
- 무거운 것을 선반에 무리하게 올려놓지 않도록(안전)
- 무거운 수화물은 '발 앞 의자 밑'
충격 방지 자세(EMERGENCY POSITION)

- 안전벨트 착용 확인

- 여성이나 어린이는 발목을 잡고 구부림

- 남자는 양팔을 X자로 앞 의자에 밀착 자세

구명복 착용(LIFE VEST)

- 의자 밑에 보관

- 머리 위로해서 입고

- 허리 부분의 끈 조임

- 손잡이 아래로 잡아당김

- 팽창이 덜 되었을 때는 빨간 고무관으로 공기를 불어넣음

- 물 속에서는 벨트 앞쪽 노란 끈을 당기면 비상등 켜짐

화장실(LAVATORY)

- 비어 있음(VACANT)

- 화장실 내 금연(NO SMOKING IN LAVATORY)

용무가 있으면 스튜어디스에 문의

5. 호텔에서 매너 에티켓

1) 예약, 투숙

(1) 예약
성명, 성별, 도착 일시 및 비행기편, 출발예정 일시 및 비행기편, 연락처,
지불방법을 알려 준다.

(2) 등록카드 작성
한 사람씩 작성
가족 동반시 함께 작성
Express Check - in(단골고객) : 바로 객실로 안내

2) 객실이동

(1) 열쇠
외출시 프런트(또는 카드 판독기)에 보관
출입시 소지

(2) 욕실
샤워 커튼 끝이 욕조 안으로
찬물 먼저, 더운물 온도 맞춤
3종류 타월(비누칠, 얼굴 · 손 닦고, 물기 닦음)

(3) TV,전화
일반 채널, 자체 채널
Morning call : 아침에 원하는 시간에 깨도록 교환에게 부탁

(4) 룸서비스와 미니바

룸서비스 : 레스토랑보다 10~15% 비쌈

Hanger Menu : 문 밖의 고리에 걸어두어 지정된 시간에 주문식사

냉장고 Mini bar : 음료, 주류, 안주

이용시 계산서에 직접 표시, 체크 아웃시 계산

(5) 객실 메이크업 서비스와 DD카드

Make up (청소 서비스) : 외출시 룸메이드가

- Open Bed : 취침 편하도록 침구 한쪽모서리를 단정하게 접어놓음

- DD (Do not disturb)카드 : 객실 노크, 청소 등 출입 및 방해하지 않음

(6) 세탁물

객실내 비치된 안내책자 참고

3) 콘시어지 서비스 (Concierge :문지기)

안내인을 의미

GRO(Guest Relation Office) : 대고객 서비스부

당직 지배인 : 문제발생, 도움 필요시 안내인

4) 비지니스 서비스

사무보조 : 타이핑, 워드작업, 통역, 복사

메신저 서비스 : 우편, 텔렉스, 팩시밀리

비즈니스 정보제공, 예약

OA기기 대여

5) 피트니스 시설(Fitness)

체련장, 사우나, 수영장, 미용실

6) 팁

18세기 (영국) 술집 :『신속하고 훌륭한 서비스를 위해 지불은 충분하게』
라는 문구에서 유래
To Insure Promptness(TIP) :『신속하게 하기 위하여』의 의미

* 신속한 서비스의 대가
룸메이드 : $ 1 (베개 위)
룸서비스 : 계산서의 15% (식사 가져왔을 때)
도어맨 : $ 1 (파킹시키고 받을 때)
벨맨 : ¢ 50-$ 1 (안내, 짐 운반, 심부름)
프런트 직원 : $ 5 (특별 서비스 제공시)
식당 웨이터 : 식사비용의 10% (테이블에서 계산시, 계산서 사인후
전달시 또는 테이블 위에)
소믈리에 : 술값의 15%
캡틴 : $ 2-5 (배웅시 악수)
클로크룸 : ¢ 25-¢ 50 (짐을 찾을 때)

6. 국제 테이블 매너

1) 한식

① 출입문에서 떨어진 안쪽 중앙이 상석이다.

② 밥상에 몸을 굽히지 말고 단정한 자세를 유지한다.

③ 손위 사람이 먼저 수저를 든 뒤 아랫사람이 수저를 든다.

④ 국물 마시는 소리, 음식 씹는 소리, 수저 부딪치는 소리 내면 안된다.

⑤ 수저를 빨지 말며, 수저와 젓가락을 한꺼번에 쥐면 안된다.

⑥ 덜어 먹는 접시가 있으면 적당한 양을 덜어 먹는다.

⑦ 밥은 한쪽부터 먹어 들어가고 국물은 그릇째로 마셔서는 안된다.

⑧ 돌이나 나쁜 음식을 씹었을 때는 남의 눈에 띄지 않게 처리한다.

⑨ 식사도중 자리를 뜨지 않는다.

⑩ 식사는 같이 끝날 수 있도록 속도를 조절하고 만약 먼저 끝나면 수저를 상위에 놓지 말고 밥그릇 또는 국그릇 위에 놓았다가 상대방이 끝나거든 내려놓는다.

⑪ 윗사람이 일어서면 뒤따라 일어선다.

2) 양식

(1) 식탁에서의 바른 자세

① 웨이터가 제일 먼저 빼어주는 의자가 최상석

   (손님중 제일 중요한 분을 먼저 생각)

② 여성이 자리에 먼저 앉도록

③ 식탁과 가슴은 주먹사이 간격 (바른 자세)

④ 한 손님이 차지하는 폭 : 65~75 cm

⑤ 팔꿈치는 가볍게 몸에 붙임 (팔짱끼지 않도록)

⑥ 다리는 가지런히 모으고 의자에 약간 깊숙히 앉는다.

　 (다리를 꼬거나 뻗치거나 흔들지 말 것)

⑦ 식탁에서 주의사항

　 - 손가락질하지 말 것

　 - 나이프나 포크로 물건 가리키지 말 것

　 - 메뉴는 천천히 보도록

　 - 초대되었을 때 가장 비싸거나 가장 싼 것은 주문하지 않는다.

　 - 식기는 손님이 옮겨 놓지 않는다.

⑧ 대화

　 - 멀리 있는 사람과의 대화는 주의

　 - 화제는 날씨, 여행, 스포츠, 시사, 문화, 뉴스, 음악 등 가벼운 얘기

　　 (나이나 건강, 의견이 대립될 수 있는 종교, 정치, 금전 문제 피함)

⑨ 가방

　 - 손가방 위치는 등과 의자사이

　　 (손가방을 들지 않은 여자는 알몸과 같다)

⑩ 손의 위치

　 - 식사 중에는 큰 접시를 사이에 두고 식탁 위에 가볍게 얹어 놓는다.

　 - 식사 후에는 무릎 위에 얌전히 얹는다.

　　 (나이프나 포크를 만지작거리지 않는다)

⑪ 이쑤시개와 화장

　 - 이쑤시개는 테이블에 앉아서 쓰지 않는 것이 예의 (화장실에 가서

사용)
  - 식탁에서 립스틱, 콤펙트 등 화장 삼가
⑫ 냅킨 사용법
  - 손님 모두가 자리에 앉은 다음 한두 마디 나누다가 천천히 자연스럽
    게 편다.
    (식사 전 건배하는 경우 건배가 끝날 때까지 펴지 않음)
  - 냅킨은 두 겹으로 접힌 상태에서 접힌 쪽이 자기 앞으로 오게 무릎
    위에 놓음. (목에 끼는 것은 어린이만 허용)
  - 냅킨은 입과 핑거 볼(Finger Bowl)을 사용한 손가락에만 사용(나머
    지 경우는 자신의 손수건이나 종이 냅킨 사용)
  - 냅킨으로 나이프, 포크, 접시 등을 닦거나 수건처럼 얼굴, 목, 손을
    닦는 것은 삼가
  - 물을 엎질러도 냅킨으로 닦지 말고 웨이터에게 부탁
  - 다른 사람 실수는 못 본척하는 것이 예의
⑬ 식사 중 자리를 뜰 때
  - 중간에 자리를 뜨지 않는 것이 원칙
    (들어가지 전에 볼일 볼 것)
  - 불가피하게 자리를 뜰 경우엔 잠깐 실례한다고 옆사람에게 인사, 냅
    킨을 의자 위에 놓고 나가도록
    (냅킨을 테이블 위에 얹어 놓으면 식사 끝났다는 신호)
  - 식사 끝난 후 냅킨을 자연스레 접어 식탁 왼쪽이나 앞에 놓는다.

(2) 나이프와 포크 사용
① 사용법

- 왼쪽에 포크, 오른쪽에 나이프 (각각 3개 이내)
- 밖에 놓인 것부터 안쪽으로 들어가며 하나씩 사용
- 나이프는 오른손으로 사용 (왼손잡이도 오른손으로)
- 스테이크를 먹을 때는 포크 왼손, 나이프 오른손으로 입에 들어갈 만한 크기로 자른 뒤 나이프는 접시에 걸쳐 두고 포크를 오른손에 바꿔 들고 먹어도 무방
- 포크로 일단 찍은 것은 한 입에 먹음

② 식사중일 때
- 접시 중앙 또는 테두리 쪽으로 나이프와 포크가 서로 여덟 팔자형이 되도록 올려놓거나 걸쳐놓는다.
- 나이프는 칼날이 안쪽으로 향하도록

③ 식사가 끝났을 때
- 나이프는 뒤쪽에, 포크는 자기 앞쪽에 오도록 가지런히 모아서 접시 중앙의 오른쪽으로 비스듬히 놓는다.
- 나이프 날이 자기를 향하도록 포크는 등이 밑으로 가도록
- 웨이터는 식사가 끝났는가를 나이프와 포크 상태를 보고 분간

④ 떨어뜨렸을 때
- 포크나 나이프를 떨어뜨렸을 때는 줍지 말고 웨이터에게 새것 요구
- 웨이터가 없는 일반 가정에 초대되었을 때는 직접 줍고 새것 요구
- 식사 중 음식을 식탁 위에 떨어뜨렸을 때는 슬며시 포크로 주워서 접시 한구석에 놓음 (먹지 말 것)

(3) 기본적인 테이블 매너
① 음식 먹을 때

- 소리내지 않는다.
- 음식을 입에 넣은 채 이야기하지 않는다.
- 묻는 말의 답변은 입안의 음식을 다 먹고 "Excuse me"라고 한 후
  대답
- 와인이나 물은 먹을 것을 입 속에 넣은 채 마시지 말 것
  (물은 오른쪽에 놓인 것을 마심)
- 생선을 먹을 때 뒤집어서 먹지 않도록
② 빵 먹는 법
  - 바로 먹거나 수프와 함께 먹지 않는다.
  - 빵은 수프 다음에 나오는 요리와 먹기 시작, 디저트 코스에 들어가기
    전 끝냄
  - 한입에 먹을 만큼 손으로 떼어서 먹는다.
  - 토스트는 나이프로 사등분하여 손으로 먹는다.
  - 토스트는 아침식사로 먹는 것이지 만찬 때는 먹지 않는다.
    (만찬시 웨이터에게 주문하지 않도록)
  - 버터는 버터 그릇에 담겨 식탁에 나옴

※ 버터 그릇을 자기 앞에 갖다 놓고 버터 나이프로 약간 떠서 일단 자신
  의 빵 접시에 옮긴다.
※ 빵에 버터를 발라먹을 때는 오른손에 버터 나이프를 들고 한입에 먹을
  만큼 작게 뗀 빵 조각에 바른다.
※ 버터 나이프가 없을 때에는 보통 나이프로 쓰며 반드시 새것을 쓴다.
※ 정식 만찬에는 잼을 찾지 말 것

(4) 소스와 스테이크

① 소스

　- 소스를 치는 요리가 나올 때 곧 먹지 말고 소스가 나온 후 먹기 시작

② 스테이크

　- 설익은 것일수록 즙이 많고 맛이 있음

※ rare - 표면은 짙은 갈색, 속은 빨간 날 고기 (생소)

※ medium rare - 고기 가운데가 핑크 색과 빨간 부분이 섞인 상태 (반생소)

※ medium- 고기 가운데가 모두 핑크색 (중소)

※ well-done- 잘 구워진 상태 (완소)

　- 큰고기는 우선 가운데를 자르고 왼편의 고기부터 오른쪽으로 한입에
　　먹을 만큼씩 잘라서 먹는다.

③ 샐러드와 조미료

　- 샐러드

　※ 미 국 : 야채 샐러드를 고기 먹기 전

　※ 유 럽 : 고기 다음 샐러드

조미료 옆사람에게 부탁

(Would you pass me the salt and pepper, please ?)

④ 핑거 볼 (손가락 씻는 그릇)

　- 디저트 코스에 들어가지 전 디저트 접시에 핑거 볼이 얹혀 나옴 (마

시는 실수 범하지 않도록)

⑤ 수프 먹는 법

- 소리내지 말고 뜨겁다고 불지 않는다.

- 스푼으로 한번에 뜬것은 단번에 먹는다.

- 오른손으로 스푼을 쥐고, 스푼을 앞에서 뒤로 밀면서 스푼 끝 옆쪽으로 입속에 쏟아 넣듯 먹는다.

※ 프랑스식 : 스푼을 자기 쪽으로 당기듯이 떠먹는다.
- 수프는 웨이터가 Serve 하면 곧 먹기 시작
- 수프를 다 먹고 나면 스푼은 손잡이를 오른쪽으로 하여 그릇 속에 놓아둔다.

⑥ 손으로 먹는 경우

- 샌드위치, 올리브 열매, 버찌, 캔디 등 극히 적은 경우

- 새우, 게의 껍질 벗길 때 Finger Bowl에 손가락을 반드시 씻는다.

- 생선의 작은 뼈를 입 속에서 꺼낼 때 손가락으로 잡아서 꺼낸 후 포크에 받아서 접시 위에 놓는다.

⑦ 술

- 술은 사교의 윤활유

- 3~4잔 정도 (자기 한계 넘지 않도록)

- 술 취해 실수하면 돌이킬 수 없는 죄

⑧ 식사시간

- 좌우손님들과 먹는 보조 맞춤

⑨ 커피

- 커피 잔의 손잡이는 오른손의 엄지와 검지로 가볍게 집는다.

- 권총 방아쇠 당기듯 잡지 않도록

- 받침 접시 들거나, 잔 밑에 왼손 받치지 말 것

- 커피나 홍차를 티스푼으로 떠서 마시지 않도록

- 커피 마실 때 티스푼은 찻잔 뒤 접시 위에

- 각 설탕은 일단 티스푼 위에 놓고 티스푼 찻잔 속에 넣음
  (여러 번 젓지 말 것)

- 뜨겁다고 불거나 소리내지 말 것 (숭늉 마시듯이 하지 말 것)

※ 커피는 마지막 코스

(5) WINE에 대한 매너

① Wine 선택 4가지 요점

- 산 지

- 포도의 수확 년도

- 브랜드

- 요리종류

생선요리 : 백색의 Wine

육류요리 : 붉은 색의 Wine

Wine 보관시는 반드시 15도 정도로 뉘여 둔다.

Wine의 선택은 손님을 초대한 남자가 한다.

② 술을 사양 할 때
    - 손가락으로 술이 필요하지 않다는 신호
    - 웨이터에게 "No, thank you."

※ 건배 위한 샴페인만은 마시지 못해도 따르도록.

(6) 풀 코스 요리의 순서
① 식사전
    - 세리
    - 칵테일
    - 소프트 드링크류

② 전채
    - 생굴
    - 쉬림프(새우)
    - 캐비어(철갑상어알)
    - 프와그라(기러기 또는 거위의 간)등

③ 수프
    - 포타쥬
    - 콘소메 등

④ 백포도주

　- 모젤

　- 샤리브 등

⑤ 생선

　- 살몬(연어)

　- 게

　- 갑각류

　- 조개류

　- 에스카르고(개구리) 등

⑥ 붉은 포도주

　- 메득

　- 보조레

　- 에루머티쥬 등

⑦ 육류

　- 스테이크

　- 치킨 등

⑧ 디저트

　- 아이스크림

　- 케이크

　- 푸딩

　- 과일 등

⑨ 커피
  - 디카페 : 상카
  - 레귤러 : 보통 커피
  - 데미다스 : 블랙커피

⑩ 식후의 술
  - 위스키
  - 브랜디 등

(7) 테이블 서비스의 일반수칙
이미 접시에 담겨서 나오는 요리는 손님의 오른쪽에서 서비스 (미국식)
음식이 접시(Platter)로 볼 또는 투린(Tureen : 뚜껑 덮는 수프 그릇)에
담아서 서비스 할 때 (주로 떠서 먹는 요리)는 손님의 왼쪽에서 서비스
(러시아식)
모든 음료는 오른쪽에서 서비스
식사 후 빈 그릇은 오른쪽에서 치움
샐러드나 빵과 버터 그릇은 왼쪽에서 서비스하고 치움
드레싱이나 소스 보트는 왼쪽에서 서비스
빵을 바구니에 서비스 할 때는 식탁 중앙에
핑거 볼은 식탁 왼쪽 위에
여자에게 먼저, 연장자에게 먼저 서비스
주빈에게 먼저, 주최자에게는 마지막에 서비스
디저트는 디저트용 기물과 잔 종류를 제외한 모든 기물을 완전히 치우고
깨끗이 정돈한 후 서비스

※ 나라별 관습이나 서비스 유형에 따라 조금씩 다를 수 있다.

3) 일식

- 도꼬노마 앞 중앙이 상석이다.
- 자세는 똑바로 유지한다.
- 먹을 때 입에서 음식 씹는 소리가 나지 않도록 한다.
- 밥은 적당량을 먹으며 국은 한번 더 요청하여도 된다. 밥을 다시 청할 때는 공기에 한술쯤 남긴다.
- 실컷 먹고 남긴다는 뜻으로 전부 먹지 않는다. 그러나 흉허물없는 모임이라면 먹어도 좋다.
- 밥 또는 국은 받으면 일단 상위에 놓은 다음 먹는다.
- 그릇의 뚜껑은 상의 가운데서 왼편에 있는 것이면 왼편에, 오른편에 있는 것은 오른편에 놓는다. 즉, 밥공기에 뚜껑은 왼손으로 들고 오른손을 대면서 왼편에, 국 그릇 뚜껑은 오른손으로 들고 왼손으로 받쳐서 오른편에 놓는다.
- 밥을 한 젓가락 먹고 밥공기를 상위에 놓고 국그릇을 들고 한 모금 마신 다음 국건더기를 한 젓가락 건져 먹고 국그릇을 상위에 놓는다. 다시 밥을 한 젓가락 먹고 원하는 반찬을 먹는다. 이 때 반찬은 한 번에 이것저것 집어먹지 않고 반드시 밥으로 돌아 왔다 간다.

4) 중국식

- 출입문에서 떨어진 곳으로 입구가 잘 보이는 안쪽 중앙이 상석이다.

- 한 접시의 요리를 둘러앉아 젓가락으로 덜어서 집어먹는 가정적인 요리가 중국요리다.
- 여러 차례 나뉘어 요리가 나오므로 처음부터 너무 많은 양을 먹지 않도록 한다.
- 탕요리는 수저로 떠서 탕그릇에 담고 흘리지 않도록 그릇을 들고 먹는다.
- 젓가락으로 집을 수 있는 것은 큰 접시에서 자기 접시에 덜어 양념을 쳐서 먹는다
- 술은 새로운 요리가 나올 때마다 술을 따라 권하며 요리를 먹는다.
- 끝으로 주빈에게 축배를 들 때 앉은 채로 하는 것이 보통이다.

5) 나라별 테이블 매너

① 미국에서는 점심을 간단히 하고 저녁을 풍성하게 먹는다.

② '앙트레'는 미국에서는 메인 코스에, 유럽에서는 스타팅 코스에 포함되어 있다.

③ 칵테일 아워는 미국에만 있다

   (식사 전 약 1시간 동안 술을 즐긴다)

④ 영국에서는 티타임이 있는데, Afternoon Tea란 저녁때 작은 샌드위치나 과자류를 차와 함께 먹는 것을 말하고 High Tea란 계란이나 훈제고기를 곁들인 것이다.

⑤ 미국에서는 말고기를 먹지 않는다.

⑥ 미국인은 고기를 썰 때만 왼손에 포크를 쥐고, 먹을 때는 오른손에 포크를 옮겨 쥔다.

⑦ 미국에서는 식사를 하지 않을 때는 손을 무릎 위에 올려놓는다. 그러나 독일에서는 식사를 하지 않을 때라도 손을 무릎에 놓는 것은 결례다.

⑧ 유럽인은 왼손에 포크를 잡고 음식을 먹는다.

⑨ 영국이나 캐나다에서는 냅킨은 기저귀를 의미하므로 '서비에트(Serviette)' 라고 해야 한다.

⑩ 핀란드에서는 조미료 병을 손으로 직접 건네지 않고 옆으로 밀어 준다.

⑪ 프랑스인은 아침식사 시간에는 상담을 즐기지 않는다.

⑫ 이탈리아와 프랑스는 샐러드를 식후에 먹는다.

⑬ 독일인은 아침 식사시 꿀을 즐기는 민족이다.

⑭ 회교도는 돼지고기를 금하며, 술도 마시지 못하게 되어있다.

⑮ 인도, 방글라데시, 파키스탄 사람들은 채식을 즐긴다.

⑯ 프랑스에서는 애완견을 식당에 데리고 들어가도 무방하다.

⑰ 일본에서는 그릇에 담긴 음식 모양을 중시한다.

⑱ 멕시코에서는 점심식사를 대개 13~16시 사이에 한다.

⑲ 세계 대부분의 나라에서는 점심식사를 가장 풍성하게 한다.

7. 세련된 국제 선물 매너 에티켓

① 일본인에게 선물할 때 4는 피한다.

　선물할 때 흰 종이로 포장하지 않는다.

　흰 꽃(사망 상징)이나 칼(자살 상징)은 선물하지 않는다.

② 중국인에게는 괘종시계를 선물하지 않는다.

③ 홍콩 사람에게는 두 가지 선물을 한다

   (행운을 가져온다고 믿기 때문에)

④ 중동에서는 손수건을 선물하는 것은 이별을 의미하므로 적합치 않다.

⑤ 라틴 아메리카인에게는 칼을 선물하지 않는다.

   상담은 바로 시작하지 않는다.

⑥ 멕시코와 브라질에서 자줏빛 꽃은 사망을 의미한다.

   브라질인에게 'OK' 라는 제스처를 취하지 않는다.

⑦ 유럽에서는 흰 국화는 사망을 상징한다.

   유럽에서 짝수의 꽃은 불행을 가져온다고 생각하므로 홀수로 히되 13

   송이는 피한다.

⑧ 독일인에게 빨간 장미는 구애를 뜻한다.

   꽃을 선물할 때 포장하지 않는다.

   꽃을 짝수로 선물하지 않는다.

⑨ 중동 사람에게 몸을 일부라도 노출시킨 여인의 사진 또는 애완 동물

   사진은 선물로 적합치 않다.

⑩ 말레이시아인에게 탁상시계를 선물하지 않는다.

⑪ 프랑스인에게 카네이션을 선물하지 않는다.

⑫ 하와이에서는 화장실 사용할 때 출입구 밖에서 기다려야 한다.

   (문 앞 또는 바로 뒤에서 기다리는 것은 새치기)

⑬ 사우디아라비아에서 라마단 기간(이슬람력 9월) 중 흡연하면 처벌받

   는다.

⑭ 일본인이나 대만인의 등뒤에서 손뼉을 치지 않는다.

⑮ 영국인에게 '생계를 위하여 무엇을 하십니까?' 라고 묻지 않는다.

⑯ 러시아(모스크바) 레스토랑에서는 수주일, 수개월 전에 예약해야하며,

특히 시간과 금전 약속을 못 지키면 신용 상실, 서구사회에서는 예약 문화 못 지키면 생활 자체가 불가능하다.
(병원에도 사전 예약 최우선, 몸이 아프면 예약부터)

서구 예절의 기본은 레이디 퍼스트(Lady First) 관념에 바탕을 두고 있다.(다른 에티켓이 뛰어나도 여성에 대한 배려를 못하면 진정한 신사가 아님)

8. 지구촌 에티켓

1) 세계인과의 비즈니스 매너

(1) 상담시의 기본 매너
① 나라에 따른 매너와 에티켓에 유의
② 약속 시간을 꼭 지킨다.
③ 옷차림에 신경 쓰도록 한다. (관광할 때 이외에는 청바지나, 스웨터, 운동화, 티셔츠, 반바지 차림은 삼가)
④ 악수는 상대의 눈을 바라보면서 밝은 표정으로
⑤ 명함을 사용해서 적극적으로 자신을 알리고 좋은 인상을 남기도록
⑥ 명함에 영문 표기가 안 된 경우는 자신의 이름과 전화번호 등을 직접 써서 건네준다.
⑦ 각 나라마다 부르는 호칭이 다르므로 사전에 물어서 확인해 둔다.

⑧ 대접받은 음식은 기쁜 마음으로 맛있게 먹는다.

⑨ 정치와 종교, 남녀 성차별에 관한 문제는 함부로 판단해서 말하지 않는다.

⑩ 민간 외교관이라는 긍지를 가지고 행동

⑪ 소개는 남성을 여성에게, 연소자를 연장자에게, 하급자를 상급자에게 먼저 소개

크리스천의 성품과 예절

2003년 2월 15일 1판 1쇄 인쇄
2003년 2월 20일 1판 1쇄 발행
저　　자
김　진　익
발　행　자
심　혁　창

발행처　도서출판 한글

서울특별시 마포구 아현동 371-1
☎ 363-0301 / 362-8635
FAX 362-8635
본사홈페이지 www.han-geul.co.kr
E-mail : simsazang@hanmail.net
등록 1980. 2. 20 제10-33

▲ 파본은 교환해 드립니다
정가 10,000원

ISBN 89-7073-047-8-13110